「脱亜」の群像

大日本帝国漂流

Datsua no gunzô

Itsuya Matsumoto

松本逸也

人間と歴史社

「脱亜」の群像——大日本帝国漂流

まえがき

「脱亜」の群像——大日本帝国漂流

アジアとともに生きることを棄てた福沢諭吉の『脱亜論』は、幕末・明治の日本国家が生き延びることのみに執着して、なりふり構わず西欧文明を取り入れることをその理論的根拠としたものである。歴史の教科書は、その後の日本の姿を輝かしく「近代化」と呼んだ。

そして、20世紀——。気づいたらいつしか日本はニッポンになっていた。

アジアとともに、アジアに帰れ、アジアと生きる、などといま訳知りのフレーズが世を飛び交うが、明治以来、百数十年の過去は決して消せるものではない。人に山あり谷ありの人生があるように、国家にだってそっと隠しておきたい歴史はある。

アジアから離れ、アジアの盟主と粋がって西欧文明と対峙し、破局していった軍国日本のその姿は、私には、いま、サダム・フセインのイラクと妙にダブって見えるのだ。サダムには、イスラム・シーア派である隣国イランは目の上のたんこぶであった。ホメイニ師による熱狂的なイスラム革命はシーア派教徒が多数住むイラクにとっても脅威となったからである。そして、サダムにはかねてよりアラブの盟主としての大いなる野望があった。アメリカは、サダムの野望を利用し、共通の敵イランのイスラム教国を崩壊しようとして起こしたのがイラン・イラク戦争である。「敵の敵は味方」とばかり、イラクは、アメリカから多額の軍事援助を受け、アメリカによって軍事大国化した。しかし、軍事的に肥大化し、イ・イ戦争後もアラブの盟主のように振る舞うサダムの存在は、石油の世界的支配をもくろむアメリカにとって、いつしか邪魔者となっていった。そして、アメリカに楯を突き、中東地域の軍事的バランスを崩そうとしたサダムに、アメリカは、その後、二度にわたって鉄槌を加えたのである。

1991年、湾岸戦争を朝日新聞の特派員として間近に取材した者として、私は当時からアメリカのご都合主義とサダムの軽率さを事ある毎に記事にし語ってもきた。と同時に、戦後生まれの私にとって感じ得なかった軍国日本の破局の恐るべき背景をそこに見た思いがしたのである。

アジアと日本の近代化――。この歴史的な溝は21世紀を迎えた現在でもまだまだ存在する。諭吉の唱えた「落日日本」脱却の理論的根拠を是とする者は、いま、いない。それどころか、地球規模にグローバル化が進む国際化時代であるからこそ、日本の未来は、いまこそアジアとともにあることは言うまでもない。ネット時代のグローバリゼーションは、人類史上類例を見ない地球規模の文化統一、画一化を促すことは間違いない。人類の平和、幸せにはグローバリズムに基づく開発を単に否定することはできない。が、一方で、いままで以上に、自分たちの民族的な固有の文化をしっかり継承する能力を持つことが肝心となってきた。グローバル化時代のコミュニケーション・ツールである英語の必要性は益々、高まっている。が、母語としての日本語がそれ以上に大切になってきた。それは、母語である日本語を超えられる英語の表現力はないということだ。そして、我々の国、日本はアジアの一員、中華文化圏の一員としての文化を古来から内包してきていることも忘れてはならない。

さて、日本の近代化とは一体、何だったのか。
近代化を象徴するものとして、よく、軍隊、お札、ことばが挙げられる。明治維新以前の日本はいくつもの藩に分かれていた。それを明治4年に次々に改革、統一化していった。廃藩置県によって中央集権国家となし、日本国家を守る全国規模の軍隊（陸軍条例）が創設された。併せて貨幣制度も改革（新貨条例）、ことばにおいても江戸から東京へと名を変えた首都・東京のことばを標準語化する運動を展開してゆくのである。

さらに、近代化を象徴するものとして、私にはもう一つ付け加えたいものがある。

──「時間」である。

何年か前、新聞記者時代に中国シルクロードを西安からカシュガルまで取材旅行したことがあるが、その時、ハタと気付いたことがある。権力者にとって最高の喜びは、名誉や財産などの欲望よりも、実は他人の時間を支配することではないかと──。理由は、大中国の政治的権力の中心である北京と西の果て新疆ウイグル自治区のカシュガルとでは何と時差が3時間もあるのに、中国政府はカシュガルの民に公式的には北京時間を強要しているのを知ったからである。実際は、新疆時間なるローカルタイムを併用し、使い分けているのだが、公式的な行事ともなると北京時間で執り行うのだ。例えば、大学入試とか、政府関係の就職試験、列車のダイヤなどはすべて公式時間を使うので「朝8時に試験開始」とあるのは北京時間を指すからカシュガルなど辺境地域ではなんと午前5時となり、真っ暗闇の中での受験となるのである。モノ、カネでもない。時間を我がものにすることこそが古代以来の権力者の至福の喜びではないか、とふと感じたのである。

その思いはいまも続いている。

ここ数年、和時計が静かな人気を呼んでいるという。このことにも私は日本の近代化と密接な関係を感じざるを得ない。江戸期に発展した和時計は、西洋の24時間式機械時計を日本人の生活リズムに改良したものだ。一日が24時間なのは今も昔も変わらないが、時は四季に寄り添い、太陽と月に従い、ゴムひものように伸び縮みする。和時計は、そうした人間的な生理、感性を尊重した知恵の結晶であったはずだ。だが、明治期になって明石標準時に一本化した。つまり、人間の体には太陽のみならず、月も大きく影響を及ぼしているのに、近代ニッポンは、西欧型合理主義を前に、敢えて否定してしまったのである。

それから百数十年。「時は金なり」をモットーに、日本人は時間を厳守することが近代人のもっとも美徳とするものとしてきた。

２０００年3月、新聞記者を辞し、縁あって大学の教員へ転身し、さらに併設の中学高等学校の校長を兼務することとなったために、最近では、教育問題にも目を向けることが多くなった。少子化と学力低下が大きな社会問題となっているが、学校を嫌がる不登校児の問題も深刻だ。年々、増え続け、ついに13万人を超えてしまった。由々しき問題である。では、なぜ、彼らは学校を嫌うのか。決められた時間割に従って、一斉に授業を進めてゆく。これこそが明治日本が目指した近代化そのものであったはずだ。それは教育の現場に量産体制のシステムを導入することで、教育を通して国力増進を図ったからに他ならない。そして、この西欧型合理主義によって一時期、日本は世界の教育大国になった。識字率１００%。これはアジアの中で図抜けて秀でていた。だから、それ自体は否定されるものではない。当時の日本には、それこそが必要不可欠であったろう。しかし、いま、単純にそうといえるだろうか。私は、合理主義一辺倒に対してそれを肯定しつつも「迷う」ということを敢えて公言する混沌とした個性豊かな時代に自分はいるのだと信じたい。

「教育とは待つことだよ」――。大先輩が校長就任にあたり、私にこんなはなむけのことばをくださった。教育界だけの話にとどまることなく、いまこそ、このことばの持つ意味は重い。

現代は「待つ」ことができない時代といわれる。俗っぽい例えだが、近年のめざましいメディアの発展、とりわけデジタル時代を象徴するケータイ（携帯電話）は、その最たるものであろう。かつて恋人たちはラブレターに思いのすべてを託し、交わし合った。が、いまはどうであろうか。「24時間臨戦態勢」と揶揄される、面白い表現を耳にした。ケータイは、いつでも、どこでもつながる。それが前提だから電話に出ないと、すぐいらいらして「何をしているんだ」とついつい詰問のような状態になってしまう。挙げ句に心変わりか、と疑心暗鬼を募らせるというのである。何のためのケータイなのか。何のための文明なのか。便利さを追求した挙げ句の果ての皮肉な話ではないか。

近代化と文明社会、そして、すべての時間の短縮と効率的な利用の追求。時間を無駄にすることは罪悪という明治以来の考え方が、いま、見直され始めているとも言えよう。時間を有効的に使うことは大切だが、その方向一本に突き進むことのむなしさを現代日本人は身体で気づき始めたかも知れない。それを裏付けるように「癒し」ということばがいま世の中を席巻している。合理主義を追求するあまりのストレスが、人間の動物的な生理までを異常なまでに狂わせてしまっているのだ。

忘れられていた和時計がいまになってブームなっていることや、シンガー・ソングライターの平井堅氏が歌う「大きな古時計」がＣＤを80万枚も売り上げたというのも、その証の一つなのかも知れないと感じている。

この20年、私は、秘蔵、死蔵されていた歴史的な写真を手に日本各地からアジアを探訪し、その変貌ぶりと、そこに遺る「日本の過去」を見つめてきた。写真という証拠能力に富んだメディアに写し込まれた真相に迫る旅は、時に楽しくもあり、時に日本の罪禍を再びえぐり出さざるを得ない厳しいものでもあった。こうした中で、いつも感じていたのが、日本という近代国家成立当初の戸惑い、昂揚から、思い上がり、そして破局、失望、屈折へとつながった精神の奔流である。人間に精神の発達過程があるように、国家にも精神の有り様が存在する。老舗の商店が、会社が朽ち果て、新しい企業が誕生するように、国家や組織も老朽化する。人は、どうあがいても時間だけは超えられないものだと痛切に感じている。

×　×　×

私は、古い写真を通して近代史に興味を持った。本書は、幕末・明治以来、近代化をひた走ってきた帝国日本の様々な顔、そして、その表情の陰に隠されていた新事実を写真をつかって白日の下に晒し、歴史的な様々な出来事の真相に迫ってみようと試みたものである。

「脱亜」の群像

Contents

「脱亜」の群像

樺太
占守島
千島列島
アッツ
キスカ
アリューシャン列島
太平洋
ミッドウェー
ハワイ
5
南洋委任統治領
サイパン
グアム
トラック
マキン
ダラワ
ラバウル
ブーゲンビル
ガダルカナル
ソロモン海
フィジー諸島
珊瑚海
「脱亜」の群像
MAP

ソビエト社会主義共和国連邦
4
8
満州国
2
7
日本
中華民国
ネパール
3,6
13
硫黄島
インド
ビルマ
10
フィリピン
タイ
12
仏領インドシナ
レイテ
11
6
パラオ
マレー
インド洋
オーストラリア

「脱亜」の群像 1

「海を渡った日本人たち」

——20世紀初頭 アジアへ、アメリカへ

明治末から大正の二十世紀初頭に、様々な思いを抱いて海を渡った日本人たちがいる。移民である。アジアへ、アメリカへ。一時的ではあったがその激しい人流は、二百数十年の鎖国から解き放された日本人の潜在的なエネルギーそのものであった。そんな彼らの往時をしのばせる「歴史写真」を眺めていて、はたと気づいたことがある。

南方と呼ばれていたアジアへ渡った女性の多くが着物姿であるのに対し、北米へ渡った男女はすっかり洋装である。それにアジアの写真には、肩肘張った緊張感があるのに、アメリカのそれにには解放感が漂う。表情にしても、アジアは能面のようにニコリともしないが、アメリカは陽気だ。共に同時代を生きた日本人なのに、どうしてこれほどまでに違いが出るものなのか。私には、そこに定義のような意識が潜んでいるように思えた。

明治十八年（一八八五年）に発表された福沢諭吉の『脱亜論』（岩波書店『福沢諭吉全集』第十巻）

<和服でりりしく>
大正6年、吉野元さんの父、総平さんは、日本の南方進出に合わせてゴム会社の駐在員としてインドネシアの各地を転々とした。写真は、大正8年5月、ボルネオ島の南端バンジェルマシンのゴム園事務所で撮影された時のものだ。現地の使用人に抱かれる元さん（左端）と弟の宏さん。当時はやりの「203高地」の髪型に着物姿の女性は母シナさん、25歳。写真撮影のためとはいえ、さぞかし暑かったことだろう。96歳で他界した＝吉野元さん所蔵

は、その後の日本の進路に多大な影響を及ぼした。同論は、「東洋孤島の独睡」を許さぬ西洋文明の圧力を強調し、「我国は隣国（中国、朝鮮）の開明を待て共に亜細亜を興すの猶予ある可からず寧ろ其伍を脱して西洋の文明国と進退を共にし……」「主義とする所は唯脱亜の二文字に在るのみ」と述べ、今後は「一切萬時西洋近時の文明を採り……」とまで言い切っている。

諭吉の代弁した当時の日本の立場は、確かに自分（日本）の活路を開くのに精一杯で、他人（中国、朝鮮などアジアの国々）のことどころではなかった。諭吉のこのなりふり構わぬ『脱亜

論』の影響を大きくうけて日本は、その後、百余年間、近代化の道を突っ走って来た。

さて、歴史写真に話を戻そう。

写真というものは「関係」を写すものだ。写真を撮る人、撮られる人。無気質なカメラの前に立った時、不思議なことに、そこに漂う雰囲気までもが写し込まれる。

私は、感じた。

酷暑のアジアで着物姿でレンズの前に立つことは、日本人のアイデンティティの表れであろうと。言い換えれば、アジア人の前では日本人でありたいが、アメリカ人の前ではアメリカ人になるんだという意識が、これらの写真に満ちあふれているような気がしたのである。これこそ日本人が、明治維新後に目指した「脱亜入欧」の精神ではないか。

ここで、少し、海を渡った日本人移民の歴史に触れてみたい。

――まずは、アジア。

古く朱印船時代にさかのぼる。この当時、マニラ、マカオ、シャム、ホイヤン（ベトナム）、カンボジアなどに七千から一万人ほどの日本人が住んでいた。シャムの山田長政もそのひとりであるが、最も大きな日本人町を形成していたのは三千人を越すマニラで、日本人のアジア進出の最大拠点になっていた。徳川家康のキリスト教徒の国外追放令により国を追われた高山右近や内藤如安などのキリシタン大名をはじめ多くの日本人キリスト教徒である。歴史的にみて日本人が東南アジア各地にこれほど多くの足跡を残した時代はそれ以前にはなかった。が、その国際化時代も一六三〇年代の鎖国令により幕を下ろした。アジアへの日本人の再進出は、維新後すぐ再開されるが、初期の段階では、いつ帰れるとも知れない「からゆきさん」、人力車引き、薬や雑貨などの行商人、鉱夫、契約農民など、その多くは歴史の中に埋もれ忘れ去られている庶民であった。

記録を見ると、明治時代にはオーストラリアや旧英領マレーが多いが、第一次世界大戦（大正三年～七年）後は、旧蘭領インドネシア（蘭印）、フィリピンが急増。このころ南方には約三万人の邦人

＜タイ日本人婦人会＞
大正14年（1925年）、バンコクの写真館で撮影された日本人会所属の婦人たち。前列左側が写真の持ち主、江尻英太郎さん（79歳）の母・賢美さん。江尻さんの父は明治35年（1902年）、内科の医者として渡タイ。「シャムの道路は金で鋪装されている」という冗談を真に受けてタイに来たという。当時、タイには日本人医師が5人、歯医者が1人いた。夫人との結婚はいわゆる「写婚」であった。英太郎氏は長男で、バンコク生まれ。タイの法律学校を卒業し、弁護士として現在もバンコクで活躍している。当時の記録によると、タイの在留法人は307名（バンコク234名、地方73名）だった。職業は、商店の店員、雑貨商、写真業、売薬業、銀行員、酌婦など。日本人女性はバンコクに37名いたが、いわゆる奥さんは数名しかいなかった＝江尻英太郎さん所蔵

<日の丸掲げて>
大正4年（1915年）、サンフランシスコで開かれたパナマ太平洋万国博の開会式当日、会場には和服、ハチ巻きリボン姿の若い在米日本人女性たちがたくさん詰め掛けた。写真を撮影した高桑保二郎さん（昭和35年、80歳で没）は、明治36年（1903年）、日露戦争前夜に渡米。この万国博開催の時、サンフランシスコの金門銀行に勤務、また日本人会の幹事として日本の同博覧会参加に陰で尽力した。保二郎さんは約12年間、滞米の後、帰国。その後、台湾銀行に勤務したが、不況で同銀行もやめ貿易会社に移った＝息子の高桑忠良さん所蔵

がいた。それまで欧米製品の独占市場であった東南アジア地域で、大戦を契機に、雑貨や繊維を中心とした日本製品の市場が開拓されたためである。

蘭印時代の邦人の足跡を記した『ジャガタラ閑話』（ジャガタラ友の会編）によると、維新後、蘭印に渡った邦人の中で一番早かった人物は、明治六年、帆船アンケル号で砂糖積みの仕事にやって来た西田福松という人らしい。西田や娘子軍と呼ばれた「からゆきさん」のような南方組は、留学生などエリートの西洋組と違って、食い詰め者たちの

集まりだった。辛苦の末、やっと日本人が南方でゴム農園の経営に乗り出すのは、大正六年（一九一七年）、第一次大戦による熱狂的な好景気に大儲けした大阪の野村徳七が、ボルネオ島のバンジャルマシンにあったドイツ人経営の農園を買収したことから始まった。後に「野村東印度殖産株式会社」となる野村ゴムの南方進出の第一歩である。

当時、バンジャルマシンには、百人ほどの邦人がいて、野村ゴム関係者がそのうち半数を占めていた。野村は、その後、スマトラなど各地に農園、精製工場を開設、農園の日本人経営の先駆けとなった。前出の『ジャガタラ閑話』によると、戦前に蘭印に進出していたゴム、油ヤシ、茶、コーヒーなどの日本人農園は四十二にも及んだ。また、昭和十六年（一九四一年）の太平洋戦争勃発のころには、南方は約四万人の邦人で膨れ上がっていた。その六割がフィリピンで、明治三十六年（一九〇三年）のベンゲット道路建設以来の移民たちであった。

——では、アメリカに渡った邦人の実態は如何なものであったか。

一口に〝アメリカの歴史は、写真が語る〟といわれる。アメリカにダゲレオタイプ（銀板写真）が渡って約百五十年。その時間は、建国以来の歴史の中で実に四分の三を占める。そんなこともあってか、北米大陸に渡った邦人たちの写真の数は多い。

では、ここに掲載された写真の一九〇二年（明治三十五年）～一九二四年（大正十三年）のアメリカとは、どんな国であったろう——。

南北戦争が終結、再建めざして国民が一丸となった「再建の時代」も終わり、アメリカは世界有数の工業力を誇る国に成長しつつあった。後に全盛をきわめる石油時代の幕開けであり、急激な工業化

＜楽しいわが家＞
移民関係の仕事をしていた父の勧めで明治35年（1902年）、15歳の時、渡米した横山毅一さんは、カトリック系の学校でアルバイトをしながら小学校を卒業。明治末、アリゾナ州フェニックスにやっと念願の農場を拓いた。写真は、厳しい自然環境の下で毅一さん自身が建てた家、それに井戸をバックに、大正初期、友人の子を抱く妻ユクノさんと友人夫婦を撮影したものだ。大荒野を家族が力を合わせて耕していった様子がうかがわれる。毅一さん夫婦は、大正13年（1924年）に帰国、夫婦ともに昭和56年（1981年）に亡くなった＝娘の宮村睦子さん所蔵

の中で、農民や移民が、どんどん都市へ流れて行った。ニューヨークの人口も三百万を数えた。各国からの移民の数もウナギのぼりで、従来の北、西欧中心の旧移民社会に、東、南欧からの新移民の人波が押し寄せていた。カリフォルニアなどの西海岸には、中国人と共に日本人移民の姿も目立つようになった。官約移民といわれた日系人にとって歴史あるハワイが、一九〇〇年（明治三十三年）に米属領になって、移民の流れは本土へ大きなうねりとなってきていた。

ところが、アメリカは急増する移民が社会問題化しはじめた。排日機運も強くなり一九〇八年（明治四十一年）、日米紳士協約を結んだ日本は移民の流出に自主規制せざるを得なくなり、一九二四年（大正十三年）にはいよいよ排日移民法の成立によって、それまで細々と続いていた門戸も閉じられ

＜ハットがよく似合う＞
明治40年ごろ、柏井男四郎さんは、米国シアトルに商社員として約10年間、駐在した。写真は、明治42年（1909年）4月18日、社員の家族旅行でシアトルからミズーリ川沿いを遡った西隣モンタナ州ミズーラで撮影されたものだ。馬車のどちらが男四郎さんかは不明だが、鉱物関係の取引をしていた勤務先の「ORIENTAL TRADING Co.」には、沢山の日本人が働いていた＝孫の柏井昇さん所蔵

てしまった。本流が、南米のブラジルへと向かうのはそれ以後のことである。

こうした一連の排日の中で私が興味を覚えたのは、アメリカ当局が日本側に申し入れた「写真結婚」の禁止問題である。

紳士協約によって労働移民は制限されたが、既に米国に在住している日本人は「本国に残している十六歳未満の子女、または子の扶養を待たねばならぬ両親及び妻を呼び寄せることは自由」であった。そこで盛んに行われたのが〝速製の妻〟の呼び寄せである。

アメリカが、この結婚、呼び寄せを問題視したのは、写真結婚による爆発的な出産を懸念したからだ。「この分で行くとカリフォルニアは、日本人が人口でトップになるのでは……」と排日家は危惧した。そして、写真によって結婚させることは、婦人の人権を無視する奴隷的風習であると人道問題

＜まるでミュージカル＞
大正初期、サンフランシスコの金門銀行に勤務していた高桑保二郎さんが撮影。当地では、日本人仲間は、よく集まってはパーティを開いた。そのたびに余興として相撲や劇が催された。この写真は、前掛けに、ホウキを手に戯れる同僚の一人を写したものである＝息子の高桑忠良さん所蔵

を持ち出して盛んに攻撃を繰り返す。対する日本側は、自由結婚は卑しく、「見合い結婚」こそが好ましいのだと反論するのだった。

とはいえ、「写真結婚」をめぐる悲喜劇は多かった。

「……シアトルへ上陸するまで、船中、写真結婚の婦人たちが大勢いた。閑にまかせてお互いの身の上を語りあい、まだ見ぬ夫のことどもをしゃべりあった。なかには『うちの主人は会社の社長です』とか『うちは、大きな商店のマネージャーです』などと誇りあった。ところが、いざ船がついてその社長さんやマネージャー氏は、なんと四十、五十のむくつけき男であった。そして、その職業も鉄道工夫だった。花嫁御寮は十八、九歳から二十二、三歳である。（途中略）『イヤです。わたくし、この船で日本へ帰らせてもらいます』などといって、むかえにきた旦那様を困らせる光景がみられた……」「中には、写真と余りの違いに『私の

夫ではありません』といって移民官を困らせた」という逸話も残っている。(『北米百年桜』伊藤一男著)

こうした写婚で海を渡った女性は、アメリカ側の記録によると一九一五年からの五年間で千四十八人とあるが、実態はこんな数ではなかった。排日移民法施行直前には、シアトル港に一度に三千人が上陸したこともあった。

排日の理由に①服装などが汚く、文化程度が低い②日曜日にも働く宗教心のなさ③公徳心のなさ④言葉が出来ないなどに加え、味噌、醤油、漬物、刺し身など生魚を食べる伝統的な日本の食生活までもが上げられたというから、差別の多くは白人対有色人種の生理的感情に起因していた。

そんなことから、写婚妻がヨレヨレの着物姿で町中を徘徊すると、排日の対象になるといってほとんどの夫たちは、なけなしの金をはたいて新妻のために洋服を買い与えた。

アメリカ社会に好かれるために「脱亜」するのも容易なことではなかったようである。

ASAWA

＜モボ・モガ？＞
長野県諏訪市の豪農の次男坊だった伊藤作右衛門さん（写真右）は、明治末、単身、渡米。ロサンゼルスで皿洗いをしながら写真術を勉強。大正10年（1921年）ごろにやっと念願の写真館をオープンさせた。写真は、大正13年（1924年）、ロスの写真館前で写された。作右衛門さん（当時39歳）の左隣の女性は妻の貞子さん（当時22歳）、抱かれるのは長男・豊さん。貞子さんは、一時帰国していた作右衛門さんと大正12年に結婚して、海を渡った。ロスで美容学校に通い、数年後、夫の開いていた写真館の一階に美容室をオープン。昭和3年（1928年）、家族は帰国、東京・中野でロス同様の写真館付き美容院をオープンさせたが、昭和11年（1936年）、作右衛門さんの病気のため閉鎖した＝伊藤豊さん所蔵

「脱亜」の群像 2

朝鮮半島「開国の舞台」

——辛未洋擾《シンミヤンヨ》 江華島・黒船の船影再び

辺り一面は、深い霧に覆われていた。

水墨画のようなうっすらとした松並木が遥かに続いている。その光景は、さながら江戸時代の東海道を思わせる風情だ。私の乗った乗合バスは、霧の中からフォグ・ランプとともにヌッと現れたトラックをすれすれのところでかわした。

十一月末のある日、私は、朝鮮半島〝開国の舞台〟となった韓国・江華島を目指していた。その昔、急を告げる伝令が走ったであろうこの道は、今でも凸凹の一本道である。

李氏朝鮮末期、アジアで最後まで頑強に鎖国政策を堅持し続けていた同政府との交易を求めて、外国軍は幾度となく江華島を占拠し、海峡ひとつ隔てた朝鮮半島を威圧した。が、歴史の舞台は今、一九七〇年に開通した七百メートルほどの江華大橋で本土と結ばれ、陸続きとなっている。

この朝、ソウルの新村バスターミナルを一〇時五八分に出発した江華島行き直行バスは、昼の午後

＜狭い海峡＞
かつてアメリカ海兵隊と朝鮮群が熾烈な戦いを展開した江華島（手前）と本土（右）との狭い海峡は今、橋で結ばれている＝1994年11月、松本逸也撮影

〇時二〇分、同島のバスターミナルに到着した。ソウルと江華島との距離はたった五十数キロしかない。

沿道に十字架が目立った。慶州からソウルへの道すがらでも、闇夜に赤い十字が点在する光景は印象的だった。現在、韓国の約半数がキリスト教徒といわれる。朝鮮半島の近代史にとってこのキリスト教の存在は大きい。

十九世紀半ばは、産業革命によって世界中が激しく動き出した時代だ。ヨーロッパでは大量生産されたモノが市場に溢れ出し、新たな市場を求めてアジアへアジアへと触手をのばしていた。そして、膨張し続ける資本主義の嵐は、列強の強大な軍事力を背景に各地で衝突を起こして行く。

〝眠れる獅子〟と恐れられていた清国では、一八四〇年、英国との間にアヘン戦争が勃発。続いて、太平天国の乱、クリミア戦争、セポイの反乱、仏軍のインドシナ侵攻、英仏連合軍の北京遠征……。その紛争はとどまるところを知らなかった。東アジアは、まさに〝世界の火薬庫〟と化していた。

極東の日本も、時代のうねりは避けられなかった。一八五四年、アメリカの黒船による恫喝外交の前に屈していた。

しかし、李氏朝鮮だけは、いまだ五百年の泰平の中にいた。

さて、我々の日本史の教科書では、鎖国は中国の儒教・朱子学から来る思想で西欧を夷狄と呼んで、排外的な政策を推し進めるというものだった。鎖国は、中国と日本だけのものという錯覚の上に歴史観が出来上がっていたような気がする。よくよく考えれば、当時の中国周辺諸国は、同じ中華文化圏として共通の思想を持っていて当然だ。朝鮮半島や東南アジアを含めたもっと広い地域を視野に入れるのを忘れていたのではなかろうか。

本家本元の清国が早々と開国せざるを得なかった状況下で、朝鮮半島が日本よりもさらに二十年余も遅れて開国したという事実を、果たしてどれほどの日本人が意識しているであろうか。それも、開国のきっかけが日本の軍事力行使によるものであったということを……。


——私は、江華島へ約百二十年前に撮影された島の写真、数枚を持参した。

一八七一年（明治四）六月、強硬手段で同島に上陸したアメリカ海兵隊兵士らが写っている写真だ。この写真を後世に残した写真師フェリックス・ベアト（Felix Beato 一八二五〜一九〇四）は、イタリア・ベネチア生まれの帰化英国人。中近東からアジア各地を歩き、揺れ動く日本の幕末をも活写した男である。英仏米蘭の四国連合艦隊と長州藩による下関戦争や、英国と薩摩藩との薩英戦争が勃発する直前の一八六三年春ごろに来日、維新を挟んで八四年まで約二十年間を横浜で過ごしている。

江華島は、臨津江とソウル市内を貫流する漢江が河口付近で合流し、黄海に注ぐところにできた周囲約百二十キロ、面積二百九十三平方キロの韓国で五番目に大きなデルタ状の島である。

本土から江華大橋を渡った島の入り口に、「開国」「聖域」と書かれた大きな石碑が建っている。

昼を過ぎて、やっと霧が晴れ出した。

橋の脇に建つ江華歴史館の展望台からは、対岸の本土との狭い海峡が手に取るように見える。灰色一色だった島上空にもうっすらと陽光が差し始めた。眼前に広がる鏡のような海には波頭のひとつすらない。遠くに釣り舟がゆっくりと糸を垂らしている。島の中央部は松の木や桑の木、柳、刈り取られた跡の水田、野菜用のビニールハウス、高麗人参の畑が広がっている。

上：<開国の島は今>
江華大橋の河畔には開国の舞台を記念して大きな石碑が建てられている＝1994年11月、松本逸也撮影
下：<朝鮮軍の大砲>
アメリカ海兵隊との戦いに使用された朝鮮軍の大砲＝1994年11月、江華歴史館で、松本逸也撮影

今でこそ平和なこの島も、古来より漢城（ソウル）へ通じる戦略上の要衝であったことから何度も歴史に翻弄されてきた。高麗時代の一二三二年には蒙古軍の来襲によって王都が開城（ケソン）から一時この島に移されたこともある。一六二七年、三六年の二度にわたる後金（清）軍の侵入時にも、この島は王一族の避難場所になった。

十九世紀に入ると島の周辺海域には開国を迫る外国艦隊がしばしば出没した。そんな最中に起きたのが一八六六年の〈フランス人宣教師処刑事件〉である。当時、半島各地に六百七十九あった書院（日本の寺子屋）では開国の是非をめぐってキリスト教の西学派と儒教の東学派の対立が激化していた。それに対し、幼い国王（高宗）に代わり摂政として実質的な最高権力を握っていた実父の興宣大院君は、キリスト教は無君無父の邪教であり、儒教を国是とする朝鮮にあっては有害無益という姿勢をとっていた。大院君の弾圧は厳しく、当時、十数万に達していた全国のキリスト教徒のうち、既に数万人もが投獄、殺害されていた。そして、この年の初め、対立する議論の沈静化の見せしめに処刑されたのが九人のフランス人宣教師たちであった。

この事件を口実にフランス艦隊による江華島攻撃が行われ、フランス軍は一時、島を一カ月余にわたって占領した。だが、朝鮮側の激しい反撃にあい撤退したのである。

それから五年——。

再び、江華島が戦火に見舞われることになった。今度の相手は、写真師ベアトが同行したアメリカである。

ここで朝鮮側が、〝辛未洋擾《シンミヤンヨ》〟と呼んだ米朝戦争に至るまでの事件の経過を追ってみたい。

一八七一年、日本は開国して既に十四年が過ぎていた。長かった徳川幕府の鎖国時代の最中でも、清国や朝鮮とは同じ中華文化圏という儒教思想に支えられ、絶える事なく交易は続けられてきた。ところが、明治維新を成し遂げ、ひたすら近代化を急ぐ日本に対し朝鮮は強い警戒心を抱き始めた。

それは、一八六九年（明治二）二月、維新によって日本の体制が変わったことを告げる李氏朝鮮政府への、日本側の書契（外交文書）が、従来の慣例を無視したものだったからである。文書には従来、中国皇帝しか使うことが許されなかった「皇」「勅」の文字が使われていたのだ。その真意は、明らかに自国（日本）を朝鮮よりも上位に位置づけようとするものだった。朝鮮側は書契の受け取りを拒絶した。

日本国内では、朝鮮通信使などを通じ古くからの付き合いでもある当方との交渉を拒否し続ける隣国・李氏朝鮮の姿勢が許しがたい存在と映った。交易を巡る交渉は行き詰まり、巷にも秀吉以来の征韓論が飛び出していた。

一方、アメリカは、〝黒船の空砲〟に象徴される強引な恫喝外交で日本の扉をこじ開けることには成功したが、欧州列強とのアジア植民地獲得闘争にはまだまだ大幅に遅れをとっていた。焦るアメリカは、次の標的として朝鮮半島に目をつけていた。フランス同様、アメリカもまた半島攻撃のチャンスを虎視眈々として狙っていたのである。

そして、攻撃の口実に使われたのが、五年前（一八六六年七月）に起きた〈シャーマン号事件〉であった。

アメリカの武装船ゼネラル・シャーマン号は、平壌（ピョンヤン）周辺の王墓を暴き、副葬品の財宝を奪い、あわよくば開国を要求して侵略しようと、大同江を遡行して北部朝鮮に奥深く侵入した。

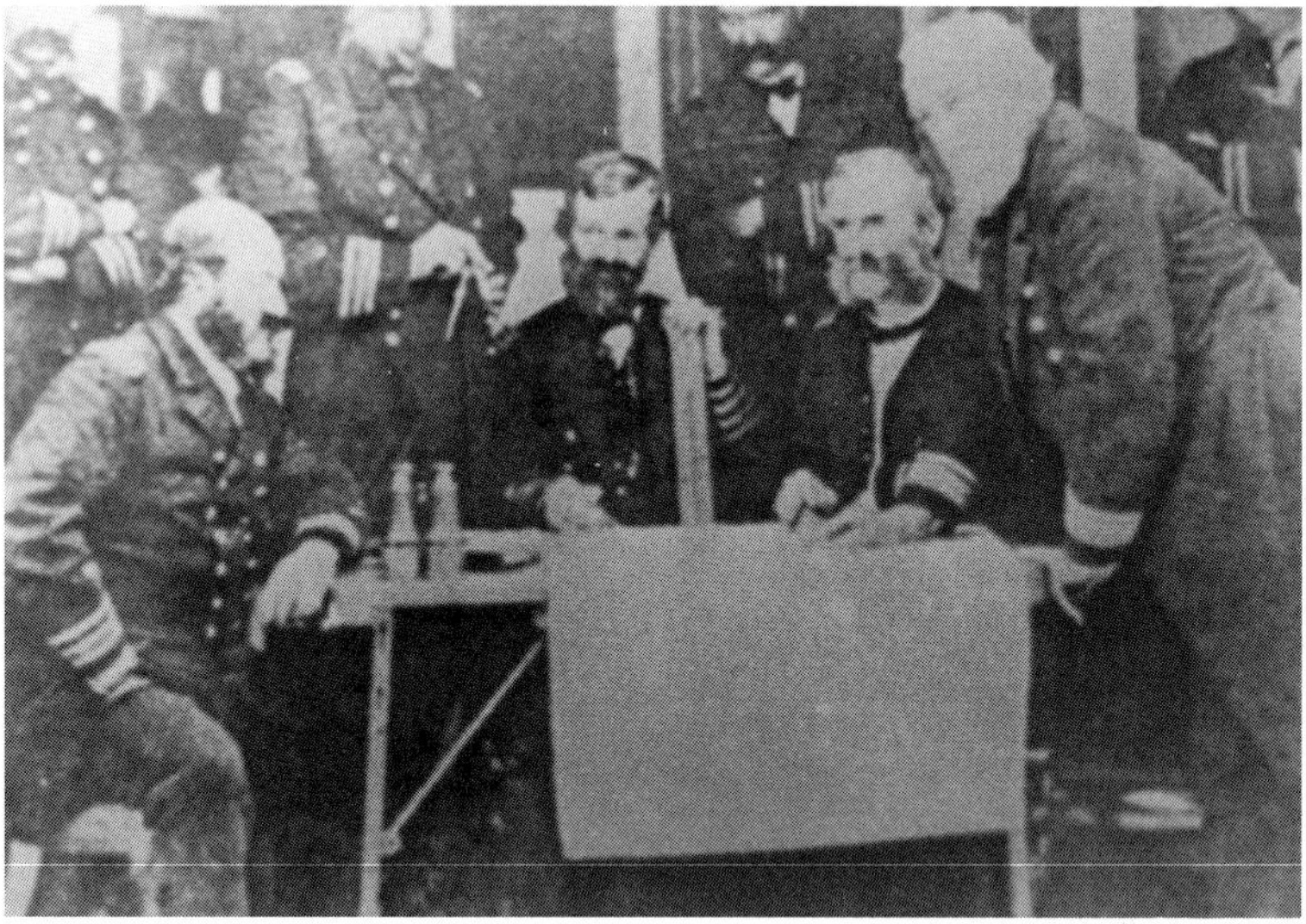

<米艦隊の艦長たち>
アメリカ極東艦隊は旗艦「コロラド」号以下5隻の軍艦で編成されていた。写真は、パラス号、モノカシー号などの艦長に作戦を指示するロジャース司令官（中央）＝F・ベアト撮影<江華歴史館所蔵>

ところが、シャーマン号のアメリカ人らは、物珍しさと警戒に詰め掛けた朝鮮の民衆を意味もなく殺傷し、暴虐に振る舞ったため、朝鮮側の報復にあい二十四人全員が惨殺されてしまう。この事件の真相は、民衆の手によって隠され、様々な憶測を生んだ。シャーマン号の行方を追って何度もアメリカ船が朝鮮海域に向かったが要領が得られなかった。

業を煮やしたアメリカ国務省は、同事件の発生から二年後（一八六八年七月）になって、朝鮮に遠征隊を派遣する計画を立案。アジアに海軍を増派するこの武力侵攻計画は、列強各国の思惑の中で着々と進められた。

極東に派遣される艦隊の司令官にはロジャース少将が任命された。日本のペリーの〝朝鮮版〟だ。ロジャースは、当時、米海軍きっての狂信的なアジア侵略論者として知られた人物であった（『アメリカ朝鮮侵略史』金熙一著／雄山閣）。

ロジャースらを乗せた旗艦コロラド号は一八六

＜米極東艦隊旗艦＞
江華島沖に姿を現したアメリカ極東艦隊旗艦「コロラド号」＝F・ベアト撮影＜国立中央博物館所蔵＞

九年（明治二）四月、アラスカ号とともにニューヨーク港を発った。時を合わせて、ポーツマスを発っていたベニシヤ号、ボストンからのパラス号、既に極東に配備されていたモノカシー号も年末には上海にその艦首をそろえた。

五隻の軍艦、八十五門の大砲、一千二百三十人の海兵隊員。この艦隊の規模は、当時、アメリカが海外侵略に動員出来る最大級のものだった。この中には、横浜駐留中の海兵隊から選りすぐった六百人も含まれていた。

集結したアメリカ艦隊は、来るべきXデーに備え、朝鮮での激戦を想定して猛烈な訓練を行った。

――そして、一八七一年。アメリカ政府は、ついにシャーマン号事件の解決と朝鮮の開国を求め、半島に軍事侵攻することを正式に決定する。指示を受けた北京駐在公使フレデリック・ローは、ただちにロジャースと図り、綿密な作戦計画を練るのだった。

アメリカは、シャーマン号事件を契機に五年もの間、じっとチャンスをうかがっていたのだ。執拗に朝鮮半島侵略の野望を燃やし続けて来たのである。中国情勢の緊張などによって何度か出兵のチャンスが失われたが、アメリカは常に朝鮮半島に照準を定めていた。当時のアメリカの心理状態は、時の米国務長官フィッシュが海軍省に送った文書の中にもはっきりと表れている。

「私は、数カ月もの間、この問題（朝鮮侵攻）がわが国務省の関心事であったといわざるをえない」（『アメリカ外交文書』一八七〇年）

ところで、アメリカが朝鮮侵略を正式に決定するまでの、この五年間、日本政府は何をしていたのか。この時の日本の対応ぶりをみると、まるで現在の日米関係を象徴するようでなかなか興味深い。まだアメリカ国内が朝鮮出兵問題の是非をめぐって議論していた四年前、一八六七年四月のことだ。日本駐在アメリカ代理公使バーゲンバーグのもとに、幕府から密かに一通の覚書が送られている。時あたかも、日本は維新前夜であった。

内容をかい摘まんで言えば、「隣国の朝鮮が、われわれと親善的同盟関係にあるアメリカ人を殺害したことはゆゆしき事態である。朝鮮に忠告を与え、朝鮮が正しい道にたちかえるように、われわれが努力すべきである。日本が外交使節を派遣して朝鮮側に講和を求めるようにさせ、アメリカ国旗が朝鮮半島に翻るようにしてみせる」というものである（『アメリカ朝鮮侵略史』）。

これは、シャーマン号事件の仲裁を口実にアメリカの威を借りて国内の反幕勢力を対外侵略戦争に駆り立て、幕府崩壊を食い止めようとした幕府当局の小賢しい策謀であった。

アメリカ側は狂喜した。

と同時に、思いがけない幕府からの協力要請にアメリカは、ほくそ笑み、一計を思いつくのだった。

それは二十世紀の朝鮮戦争、ベトナム戦争にも戦略として取り入れられて行く「アジア人同士を戦わせる」という常套手段である。バーゲンバーグは、勿論、この提案に大賛成した。米国務長官シワードも、友情あふれた協力に感謝の意を表した。

維新によって幕府が崩壊したため、結局、この策謀は実現しなかったが、新政府の欧米へのへりくだった姿勢は変わることはなかった。それどころか、すっかり西洋かぶれした日本は、ますます欧米に擦り寄って行く。揚げ句の果てに、アメリカ軍単独による軍事侵攻直前に行われた駐日アメリカ公使デ・ロングと外務卿・沢宣嘉との会談では、こんな言葉までが飛び出しているのである。

「……（朝鮮は）もと日本の属国でありましたが」（『閔妃暗殺』角田房子著）。

こうした日米の共同謀議がその後、帝国日本軍による雲揚号事件を引き起し、江華島を攻略、朝鮮を開国させることになるのだが、一八七一年のこの時点では、日本の新政府の軍事力は、維新直後というお家事情もあってまだまだ組織化されておらず、弱体だった。それに、欧米列強への遠慮もあった。

だから、当時の状況を今風に置き換えれば、日本のやったことは現在の日米安保条約にともなう基地使用と同じで、横浜、長崎両港をベースとしたアメリカ軍への後方支援ということにでもなろうか。ちなみに横浜における外国軍の駐留は、生麦事件の翌年（一八六三年）五月ごろからで、国内の攘夷運動が盛んになるにつれ、居留地保護を建前にオランダ、イギリス、フランス、アメリカの各軍が次々と上陸していた。

こうした日本の激しい欧米傾斜を、朝鮮の大儒家・崔益鉉は『対日講和に反対する上奏文』（一八

＜米海兵隊＞
江華島に上陸、銃を手に海峡と対岸の本土の動きに睨みを利かす米海兵隊隊士＝F・ベアト撮影＜横浜開港資料館所蔵＞

七六年）の中で鋭く批判している。
「江華を攻めて来た者達はあくまでも倭であり洋ではないと言うが、もっと明白なことはその倭が以前の倭ではなく洋賊の前導になって侵虐する倭だということだ」

さて、話をそろそろ、アメリカ海兵隊が江華島攻撃に向かう一八七一年に戻そう。

上海をはじめ横浜、長崎などに駐留していたロジャースの艦隊にいよいよ出撃命令が下されたのは五月に入ってからのことだった。旗艦コロラド号以下五隻の軍艦は、一度、長崎で艦隊を編成した後、作戦にそって五月三十日、江華島の南にその艦影を現した。

沖に集結した極東艦隊は、まず、パラス号とモノカシー号を狭い江華水路に突っ込ませる。たちまち島の砲台との間で激しい砲撃戦が始まった。夜陰に紛れて艦隊に近づく朝鮮軍の武装船を難無く撃退。乗組員は捕虜に、船に翻っていた〃帥字

＜戦利品＞
江華島沖でのアメリカ極東艦隊との戦いに敗れ、朝鮮軍の帆船に翻っていた“師字旗”は戦利品として分捕られ、アメリカ軍艦に掲げられた＝F・ベアト撮影＜江華歴史館所蔵＞

旗〃は戦利品に……。

砲撃は連日にわたって繰り返され、六月十日にまず南端の草芝鎮砲台が陥ちた。続いて徳津鎮、広城鎮が陥ちた。

海兵隊とともに、写真師ベアトも江華島に上陸した。ベアトは、まず砲台に散乱した朝鮮兵の死体にレンズを向けた。天を仰いだままの朝鮮兵の脇には、ツバ広の鉄製の朝鮮帽が転がっていた。ベアトは、部隊長のキムバレー中佐に上陸の記念写真を撮るからと言って、部隊全員を砲台の小高い所に集まるように言った。

アメリカはシャーマン号事件の謝罪と開国承認が目的だったため、戦闘が長期化するのを望んでいなかった。早く江華城を陥し、朝鮮側を交渉の舞台に引き連り出さねばならない。ところが、交渉を望むアメリカに対し、朝鮮側の反撃は日増しに激しくなって来ていた。度重なる夜襲と降り続く長雨にアメリカ兵たちの疲労も積もってきた。食糧も徐々に底を尽き始めていた。

＜米軍江華島占拠＞
1871年6月10日、アメリカ極東艦隊の海兵隊によって草芝鎮砲台が陥落。写真は砲台を占拠した直後のキムバレー中佐の部隊＝F・ベアト撮影＜江華歴史館所蔵＞

さらに、彼らが恐れたのは朝鮮民衆の不衛生な生活からくる伝染病、風土病への感染だった。西洋人にとってこれもまた東洋の見えざる敵、悪魔そのものだった。

ロジャース艦隊は七月三日、撤退した。

朝鮮側の勝利である。

が、二十数日間の戦闘でアメリカ側の戦死者がミッキー中尉以下三人だけだったのに対し、朝鮮側の戦死者は猛将とうたわれた魚在淵将軍以下五十三名を数えた。

フランスに続きアメリカ艦隊をも撃退した大院君は有頂天になり、ますます自信を強めていった。そして、全国各地に「洋

＜砲台占拠＞
アメリカ極東艦隊の海兵隊による猛攻で江華島・広城鎮砲台では多数の朝鮮兵が死んだ。20数日間にわたる戦いで53人の朝鮮兵が亡くなっている。それに対してアメリカ兵の戦死者はケンタッキー州出身のミッキー中尉ら3人だった＝F・ベアト撮影＜国立中央博物館所蔵＞

＜朝鮮兵捕虜＞
捕虜となりアメリカ軍艦「モノカシー」号艦上に抑留される朝鮮軍兵士＝F・ベアト撮影＜横浜開港資料館所蔵＞

夷侵犯非戦則和主和売国（侵犯してくる洋夷と戦わなければ、結果はそれらと和することになり、和を主張するのは売国である）」の石碑を建て、攘夷鎖国維持の強い決意を示すのだった。

――今、思えば、その後の朝鮮半島の悲劇はここに始まったとも言えそうである。

大院君は世界の情勢にうとかった。相次ぐ列強を撃退し、日本をこき下ろし、朝鮮こそが世界最強の王国だと錯覚した。

歴史を引き戻すことは出来ないが、もし、このアメリカとの戦いで朝鮮半島が開国していたとすれば、その後の朝鮮半島、東アジアの国際情勢はがらりと変わっていたであろうことは明白だ。

日清戦争も起きなかったかも知れない。日本の植民地になることもなく、併合されることもなかったに違いない。さらに南北分断という民族の悲劇も生まれなかったかも知れない。

江華島を訪れた翌日、私はソウルの新聞社に勤める知り合いの韓国人記者に、大院君のとった行動について聞いてみた。

彼は、言下に答えた。「やはり間違いだったと言わざるを得ないでしょう」

合わせて、開国をめぐる日本と朝鮮との行動の違いは一体、何から来るものだったのかが議論になった。

結論として言えることは結局、儒教思想にどれほどまで染まっていたかではなかろうかというものだった。つまり、朝鮮半島では儒教思想が生活文化の指導原理として徹底した社会通念を作り上げていたのに比べ、日本では所詮、学問の領域でしかなかったということである。儒教という観念にがんじがらめにされた朝鮮にとって、それ以外はすべて犬畜生の野蛮な思想であった。本家の中国や日本が相次いで欧米列強の合理主義の前に屈服した今こそ、朝鮮は崇高で誇り高い思想を断固守るべきと大院君は信念を強めたのであろう。日本より二十年余も遅れて開国した、その時間差こそが、日本と朝鮮の儒教思想の浸透度の差なのではなかろうか。


アメリカの撤退から四年が経った。

三たび、江華島が戦火にさらされる運命の時を迎えた。この四年の間には、朝鮮政府内部に大きな政変が生じていた。朝鮮開

興宣大院君

国の最大の障害であった大院君が反対派の閔氏勢力によって政権の座を追われ、失脚していたのである。書契問題などで暗礁に乗り上げていた日本にとってこれはまたとないチャンスだった。

朝鮮政府の分裂を好機とみた日本は一八七五年（明治八）九月二十日、江華島沖に軍艦雲揚号を出動させ、江華島の目と鼻の先で示威の演習活動を展開。江華島・草芝鎮の守備隊がこれに砲撃を加えると日本側はただちに応戦し、そのまま激しい戦闘態勢に突入した。雲揚号は、朝鮮側に多大な損害を出し、二十八日、一旦、長崎に引き上げている。

翌年二月、この江華島事件を口実に開国を迫る日本は、軍艦を連ね特命全権大使として黒田清隆を江華島に乗り込ませた。武力に屈した閔氏政権は、二月二十六日、ついに「日朝修好条規」（江華島条約）に調印した。朝鮮側にとって、これは屈辱的な不平等条約であった。

さらに、条約の冒頭にうたわれた第一款が、後になって新たな悲劇を生むことになろうとは閔氏政権は気づかなかった。

「第一款朝鮮国は自主の邦にして、日本国と平等の権を保有せり……」

一見、民主的で友好的に思えるこの条文の裏には、脈々と続いて来た清国との伝統的な宗族関係をまず、ここではっきりと断ち切らせ、清国の勢力を半島から一掃した後、日本がそれにとって代わろうとする日本側の思惑が秘められていた。

これこそが、朝鮮半島の既得権益を巡る清国との間で、後の日清戦争（一八九四年＝明治二十七）へと発展して行く火種だった。

さらに一言付け加えれば、一八八五年（明治十八）には福沢諭吉の『脱亜論』が発表され、その日清戦争で清国を破った日本はますます増長し、アジア軽視の態度をとるようになって行くのである。

＜ビール＞
ビールを手にほほ笑む朝鮮兵。西洋の文化との初めて出会いである＝F・ベアト撮影＜国立中央博物館所蔵＞

2 朝鮮半島開国のシナリオ

「米極東艦隊江華島攻撃事件」関連年表

1840	アヘン戦争(〜42)
1851	太平天国の乱(〜64)
1853	クリミア戦争(〜56)
1854	ペリー再度来航。日米和親条約調印、下田、箱館、開港
1857	セポイの乱(〜59)
1860	英仏連合軍、北京に進撃、北京条約締結
1861	アメリカ南北戦争(〜65)
1862	生麦事件
1863	薩英戦争
1864	英仏米蘭四国連合軍、下関攻撃
1866	朝鮮半島で"フランス人宣教師処刑事件"起こる フランス軍、江華島攻撃/アメリカ船"シャーマン号事件"
1868	明治維新
1869	アメリカ極東艦隊ロジャース少将のコロラド号、ニューヨーク出発
1871	アメリカ極東艦隊、江華島攻撃〈辛未洋擾〉
1875	日本軍艦「雲揚号」、江華島攻撃
1876	朝鮮開国
1894	日清戦争

江華島周辺詳細MAP

アメリカ軍は、パラス号とモノカシー号を江華海峡に突入させ、侵略戦争を開始する。アメリカ軍は6月10日に、まず草芝鎮の砲台を落とし、続いて徳律鎮、広城鎮の砲台を陥落させるが、度重なる朝鮮軍の夜襲や食糧難に悩まされ、ついに7月3日、撤退を余儀なくされた。

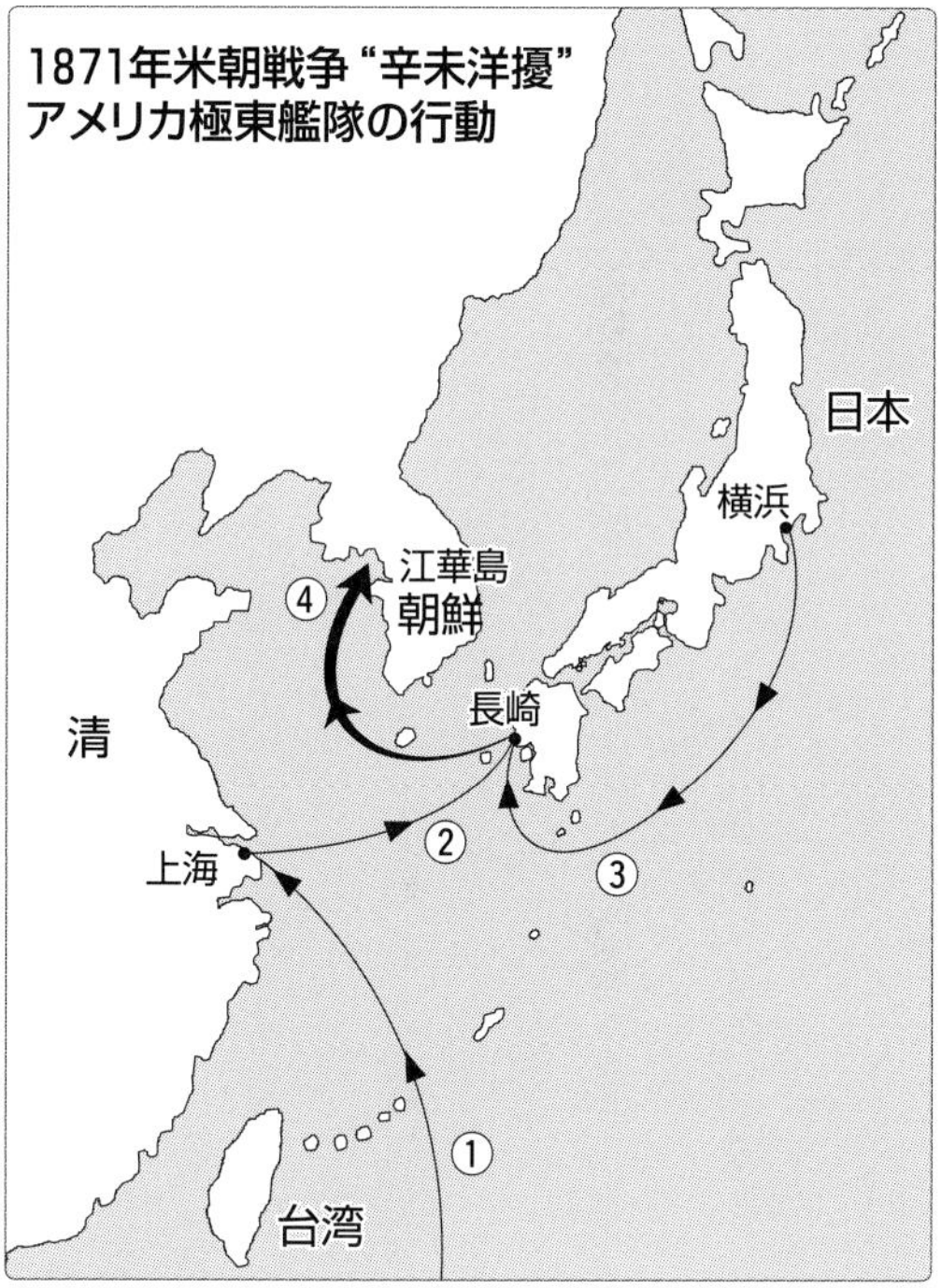

①旗艦コロラド号とアラスカ号は1869年4月ニューヨークを立ち、ベニシヤ号はそれに先立って3月にポーツマスを出航し、上海に向かう。②すでに上海にいたアシュロット号を残し。4軍艦長崎に終結。③横浜に派遣されていたモノカシー号も長崎に到着。④1871年5月、コロラド号など5隻の軍艦、80余門の大砲と1230からなる侵略軍を編成し、海軍艦隊は長崎を基地として朝鮮に向け出勤。5月30日に江華島の南にある忽淄島近海に侵入した。この艦隊の規模は、当時アメリカが海外侵略に動員できる最大のものであった。

霧社事件

――なぜタイヤル族は蜂起したのか 侵略に隠された大罪

「脱亜」の群像 3

下山操子（当時五十）は、胸の張り裂けるような嗚咽を何度も繰り返しながら、しばしば、こぼれ落ちる涙で話を中断した。

夜もすっかり更け、十二時を過ぎたというのに、操子の語りは止まらなかった。一晩で、苦汁に満ちた戦後を、一気に吐き出してしまうつもりなのだろうか。辺りは、もう、どの家の窓も真っ暗だった。

台湾のヘソ、埔里は、蝶の産地としても名の知れた街である。この街で小学校の教師をする操子は、自分と家族のたどった数奇な歴史を静かに綴っている。

――中国名、林香蘭。彼女の体内には、日本人の血が四分の三、台湾原住民タイヤル族の血が四分の一流れているのだ。

明治末、日本の国家権力の尖兵として台湾中部の山村に赴任した日本人警察官を祖父に、その政略

<二人の妻>
下山治平警部補（中央）と二人の妻、それに子供たち。左端がタイヤルの妻ペッコタウレ、右端は日本人妻・仲子さん（霧社で、大正13年ごろ、下山操子さん提供）

結婚の相手にされたタイヤル族の女性を祖母に持つ。

操子の運命の糸は、この祖父母の結婚から始まった。そして、日本の敗戦による混乱と貧困、報復の日々。聞けば聞くほど、祖父母以来の下山家の歴史は、そのまま日清戦争勝利の代償、下関条約（一八九五年）によって日本に割譲された台湾植民地化の歴史そのものであることに気づかされる。

割譲、出兵、虐殺、宣撫、皇民化、改姓名、徴兵。そして、敗戦、残留、逃亡、帰化……。祖父母や父母、操子たち三代がたどったこのキーワードには、敗戦を挟んだ台湾の一世紀がそのまま凝縮されているのである。

天皇の名を借り、権力を日に日に増大させて行った明治帝国主義国家。その暴走の途上で、日本の植民地政策への不満から来る暴動が何度も起きていた。その中で、百三十四人もの日本人の犠牲者を出した一九三〇年（昭和五）の霧社事件は、タイヤル族（高砂族）が起こした歴史的な抵抗運動であった。

霧社事件に触れる前に、まず は、操子の家族史を追ってみたい。

祖父・下山治平（一八八四〜一九五二）が、台湾中部の山に住むタイヤル族の部落、マレッパの駐在所に着任したのは、一

＜警官とその家族＞
マレッパ駐在所（後方）前で記念写真におさまる警察官とその家族たち。中央が下山治平警部補。その前は妻ペッタコウレ、抱かれているのは次女の敏子さん（大正12年、下山操子さん提供）

九〇七年（明治四〇）のことである。

下関条約によって台湾をモノにした日本を、ことごとく苦しめたのは、中央山脈奥深くに住んでいた〃首狩り族〃であった。特に勇猛果敢で知られたタイヤル族の抵抗は激しく、日本の官憲は彼らを懐柔するために、警察官とタイヤル族の頭目の娘との結婚を政策として推し進めた。

当時、各部落ごとに駐在所が置かれ、原住民の動きに目を光らせていた。駐在所は、司法、行政、経済、教育など生活全般にわたって彼らを支配し、日本人化を図っていた。まさに権力そのものだった。そうした警察官と部落の有力者である頭目の娘が結婚すれば、原住民の管理やあらゆる情報の収集が容易になると見られていた。

その戦略ともいえる結婚第一号に選ばれたのが、静岡県出身の下山治平とマレッパの頭目の娘ペッコタウレであった。

この夫婦は六人の子をなした。が、八年後の一九二〇年（大正九）、治平の許婚、仲子が突如、日本から押しかけて来て、二人の妻をひとつ屋根の下で抱えるという、奇妙な生活が始まることになった。仲子は三人の子を産むが、生活に不慣れで、結局、一九二五年（大正十四）、治平とともに帰国してしまう。

ペッコタウレとその六人の子が、台湾に遺棄された格好になった。それがためか、後に編纂された霧社事件関係の資料では治平は、おおむね冷酷な悪人扱いだ。

右：＜昭和10年ごろの下山一家＞
中央の下山治平は、大正14年に日本人妻・仲子とともに日本に帰国している。この写真は、長男・一さん（前列左端）の入隊問題で台湾を再訪した時のもの。後方左端が妻ペッコタウレ。その右隣は、事件で殺害された佐塚警部の妻ヤワイタイモさん。事件の目撃者である彼女は、精神的におかしくなり、霧社の町に保護されていた。その後、日本で歌手としてデビューした娘・佐塚佐和子の元に移住し、横浜で死去している（埔里で、下山操子さん提供）
左：＜下山一家＞
昭和30年ごろの下山一家。霧社を訪れた日本人によって撮影。この写真が日本の新聞に掲載されたため、一家の無事が判明した。この時期になっても貧乏で、子供たちは裸足だった。前列左端が操子さん（下山操子さん提供）

治平の帰国から五年後、埔里から少し山に入った霧社であの事件が勃発するが、ここでは一先ず、家族のその後を追う。

台湾に残った治平の長男・一は、その後、日本人女性・井上文枝と結婚、五人の子を残した。操子は、その三女である。

操子が産まれて四カ月後。日本は敗戦。台湾は中華民国に復帰した。

下山家の不運は、この時からだ。

「祖母は日本へ行くのを嫌がった。そして、息子一家に日本に帰れと言ったが、病気の祖母を一人だけ置いて行く訳にもゆかず、敗戦による報復など、身の危険を感じたため、祖母の田舎マレッパの山奥に逃げたんです」

この逃亡が、一家のその後の人生を大きく変えた。山奥に籠もったために、日本に引き揚げるチャンスを失い、国籍を持たない「難民」となってしまったのである。

「両親は本当は帰りたかったんです。あの時、祖母の意見に従って、もし、帰っていたら、苦労もなく、今頃は日本人としてノホホンと生きていたんでしょうね」と操子は言う。

病気の祖母は翌年、マラリアで死亡。頭目の娘だった祖母という後ろ盾を失った家族は、山の人たちからも「日本の警察官に嫁いだ女の家族」と後ろ指をさされ、わずかな畑を借り粟、ヒエを食べての貧しい日々を送る羽目になってしまった。

その後、国民党軍に発覚、厳しい取り調べを受けるが、すでに日本への最後の引き揚げ船は出てしまっていた。

以来、一九五四年（昭和二十九）に台湾国籍を取得するまで、約九年間、一家は無国籍だった。埔里の財産はすべて没収され、操子の父・一にはスパイの嫌疑がかけられ、子供たちも「日本に帰れ」とこづき回された。

小学校では大陸からの外省人教師に、「敵は日本だ。ズーペン・ゴー・トゥイツ（日本・犬・足）」と悪口を言われ、子供たちからも石を投げられ、便所に隠れたこともあった。

戦前は教師だった一も、国籍がないため定職にはつけず、山小屋の見張りや、臨時工などをして家族を養った。自分の運命を呪い、酒を飲んでは涙を流す一にとって、唯一の救いはキリスト教の聖書だった。幼かった操子は、そんな父の姿を見ながら育った。父が語る祖父への愛憎を、操子は、ある時は頷き、ある時は首を傾げて聞いた。

「果たして家族を捨てた祖父は、本当に悪い人だったんでしょうか。そうさせた日本の政策こそが問われるべきではないでしょうか」

こう私に語る、操子の表情は厳しかった。

さて、あの忌まわしい霧社事件である。

一九三〇年（昭和五）十月二十七日。この日、霧社は祭りのような浮き立つ気分に包まれていた。年に一回の運動会の日である。霧社及びその周辺に住む山地原住民と日本人、漢人が一同に会する日に事件は発生した。

午前三時半、首領モーナルダオに率いられたタイヤル族の精鋭三百人は、まず、製材所を襲撃、続いて駐在所を次々に焼き打ち、警官を殺害した。銃、弾薬を奪った彼らは、その足で日本人が集まる運動会場の霧社小学校に向かった。午前八時、まさに開会式の国旗掲揚が行われようとしていた矢先であった。

不意の襲撃によって、殺害された日本人は十五歳以下の子供六十二人を含む百三十四人で、ほぼ全滅だった。

その時の生き残りの一人、オビンタダオ（当時七十九歳＝旧日本名・花岡初子）は、操子の家の近くで健在だった。

「あの時、私は、何も知らず運動会場にいた。和服を着ていたため、日本人と間違えられ、転げるように教員宿舎に逃げ込んだんです。そして、死体の山に潜って、息を殺していたんです」

<霧社事件の首謀者の墓>
霧社事件の首謀者モーナルダオの墓（右側）。その横には、彼（立って左手を挙げている）に率いられ弓、刀を手に蜂起する原住民たちの姿がレリーフに描かれている（95年9月、霧社で、筆者撮影）

上：＜生き残り＞
霧社事件の生き残りオビンタダオさん。日本名は花岡（旧姓・高山）初子（93年9月、埔里で、筆者撮影）

左：＜日本人妻＞
霧社事件で自殺した花岡一郎の妻・花子（右）と二郎の妻・初子（オビンタダオ）。二人は従姉妹同士。原住民として初めて警察官に採用された一郎、二郎に嫁がされ、同じ日に結婚式を挙げた（オビンタダオさん提供）

オビンも、日本のご都合主義に翻弄された人生だった。もともと、血筋のいいホーゴ社（タイヤル族の部落の一つ）の頭目の家系に生まれ、才知あることから当局が早くから目をつけていた。日本人の通う霧社小学校に入学させ、日本人として育てられた。小学校時代は高山初子と名乗っていたが、十七歳で花岡二郎と結婚し、花岡初子になった。二郎もまた、オビン同様、日本人として教育され、タイヤル族初の警察官に採用された青年であった。しかし、この事件で、日本側と原住民との間にはさまれ、自ら命を絶っている。

　事件を知った日本は、直ちに軍隊を派遣。他のタイヤル族をそそのかし、蜂起側の頭目、女、子供の首にまで賞金をかけ、殺戮を扇動した。日本側も苦戦を強いられ、鎮圧に約二カ月もかかっている。この間、殺されたタイヤル族の反乱分子は六百人以上に及んだ。

台北にいる日本の統治者たちにとって、この事件は晴天の霹靂だった。記録によると、台湾総督は、全島より警察官千人を動員、台湾軍司令官、台湾守備隊などの応援を得て総計二千人による掃討作戦を展開している。この時、当局は厳しい報道管制を敷き、マスコミを封じた。その陰で、軍はあらゆる近代兵器を実験的に駆使、化学兵器の毒ガスまでも使用したといわれている。

これを裏付けるように、軍司令官は、陸軍大臣宛に「糜爛性投下

<反逆原住民たちの首>
1931年（昭和6）4月。前年10月の霧社事件で投降した原住民230人は、翌年4月、日本の一部の警察官の扇動され、収容所内で再び蜂起、第2霧社事件を起こした。写真は、その時、惨殺された原住民216人のうちの101人の首を前にした記念写真である。後方中央には日本人警察官が銃を手にしている（オビンタダオさん提供）

弾及砲弾ヲ使用シタシ至急其交付ヲ希望ス」と打電。ところが、ハーグ、ジュネーブ条約による化学兵器の禁止に、問題の露見を恐れた陸軍省は「瓦斯弾ニ関スル事項ハ暗号ヲ以テセラレ度」と回答している。それから数日後、十一月八日付の「霧社事件陣中日誌」（台湾軍参謀部作成）には、飛行機から瓦斯弾六個を投下した記録が残っている（『台湾植民地統治史』林えいだい編／梓書院）。

　こうして、昭和の大惨劇は終わった。

　この事件は、日本統治下における台湾最後の大事件であった。これを教訓に日本の植民地政策は、より巧妙になって行く。

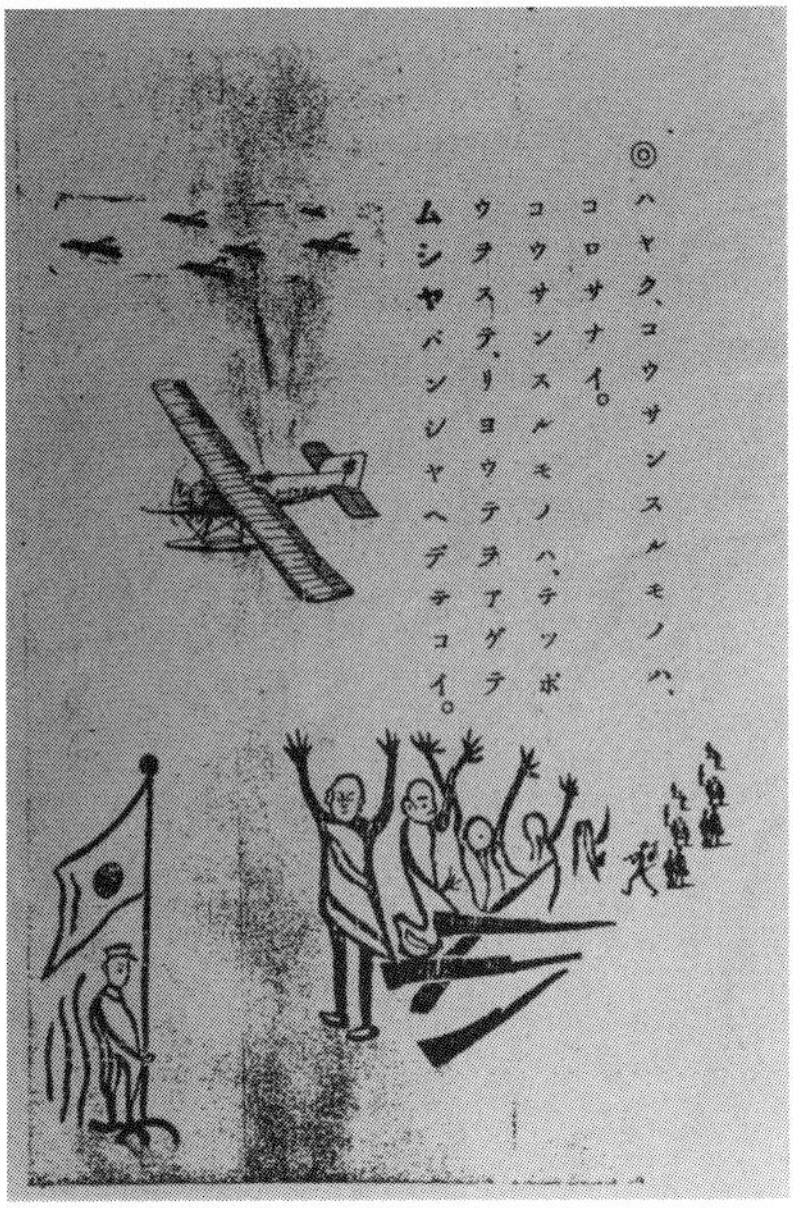

＜投降勧告ビラ＞
「ハヤク、コウサンスルモノハ、コロサナイ。……」とカタカナで書かれた総統府の投降を呼びかけるビラが飛行機から山に籠る原住民にばらまかれた（邱若龍さん提供）

　では、台湾への日本の覇権は歴史的にどのようにして及んでいったのか。

　一八七四年（明治七）、日本は初めて台湾に出兵する。三年前、琉球漁民五十四人を原住民に殺されたことが口実である。

　明治中期、アメリカのメソジスト監督教会の宣教師として来日、鹿児島に住んだヘンリー・バトラー・シュワルツは、帰国後に『薩摩滞在記』（島津久大・長岡祥三訳／新人物往来社）を著した。

　その中で、「琉球―忘れられた王国」と

題して琉球のことを記している。同書によれば、明朝時代以来、琉球人は「中国（清）は父であり、日本は母である」と呼んでいた。ところが、漁民殺害事件が、父と母と子の三者関係にクサビを入れたというのである。

さらに同書は伝えている。

「琉球人はこの緊急事態に、〝父の国〟中国へ訴え出る代わりに、〝母の国〟日本に訴え出たのである。訴えを聞いた母親は、隣の子供（台湾のこと）のひどい振る舞いをこらしめてやろうと、すぐさま遊び場へ出かけて行った」

遊び場へ行った母親こそが、西郷従道（隆盛の弟）率いる日本軍である。清との衝突は必至かと思われたが、土壇場で外交交渉が成立、協定が調印された。「北京専約」と呼ばれるこの調印文書には、殺された琉球人が〝日本の国民〟と記され、

＜鎌倉大仏＞
鎌倉の大仏を前に整列した台湾・新竹中学校の生徒たち。布カバンを肩から斜めにかけているのが懐かしい（昭和14年夏、鎌倉で、鄭坤樟さん提供）

間接的に琉球の日本帰属を認めているのである。琉球側にしてみたら、こんなはずじゃあなかった、と言いたいところだ。日本の魔の手にかかってまんまと騙されたとしか言いようがない。

日本は、この時、台湾を占領し続けるという目的こそ達成出来なかったが、琉球を清の覇権から奪取することには成功した。

いま思うに、台湾、琉球にとって琉球漁民殺害ほど、日本に体よく利用された事件はない。

余談だが、この事件の陰に、後に沖縄県知事になる薩摩出身の奈良原潔（幸五郎）という人物がいた。この人物こそ、一八六二年の生麦事件の首謀者の一人である。

その後も日本は、どろどろした黒い野心を燃やし続けて行く。この野心に大き

＜馬車の摂政宮＞
馬車で台湾総督府を出る摂政宮皇太子裕仁親王（大正12年4月16日、台北で、荒木絢子さん提供）

く影響を及ぼした人物に、リゼンドルというアメリカ人がいる。元厦門総領事で、一八七二年、台湾出兵を控え、当地の事情に詳しい彼を破格の年俸で日本政府は外務省顧問に採用した。

そのリゼンドルが東アジア戦略を日本政府に建言した。「北は樺太より南は台湾にいたる一連の列島を領有して、支那大陸を半月形に包囲し、さらに朝鮮と満州に足場を持つにあらざれば、帝国の安全を保障し、東亜の時局を制御することはできぬ」というものである（『台湾』伊藤潔著／中公新書）。

この建言こそが、その後の日本の進路に大きく影響を及ぼすのである。

——そして、日清戦争による台湾割譲。

以後の日本の台湾統治は、いよいよ天皇の出番である。

天皇・皇族と琉球（沖縄）、台湾の関係に詳しく触れた『台湾支配と日本人』（又吉盛清著／同時代社）を読むと、日本に侵略された琉球、台湾にも、統治される側の意識に微妙な違いがあることが、よく分かる。一言で言うと琉球は、あの事件以後、早々と日本の軍事力に屈し、台湾侵略に加担して行く側に立つ。被害者であった琉球が、台湾に対しては加害者になって行くという図式である。

それを、天皇《行幸》と皇族《御成》という権威のランク付けから見ると、なかなか興味深い。同書によると、「内地」での天皇の全国《行幸》は、全国制覇の目途がついた一八八五年（明治十八）に終わっている。言い換えれば、明治のこの頃になってやっと天皇制が定着し始めたということだ。

ところが、天皇による沖縄行幸は、沖縄がすでに政治、軍事、行政的に天皇国家にほぼ完璧なまでに与されており、〝天皇の可視化〟が代行できる皇族《御成》でも、十分にその効果は期待できると考えられたため、実施されなかった、とある。天皇が内地を忙しく回っている間に、沖縄はもう完全に天皇国家の一部に組み込まれたと日本政府に自信を与えてしまったということだ。

＜夏服に蝶ネクタイ＞
白い洋服に白い帽子を手に台北市内を視察する摂政宮皇太子裕仁親王（大正12年4月、荒木絢子さん提供）

沖縄も、随分と軽く見られたものだ。

〝天皇の可視化〟とは、民衆への天皇の神格化とその権威への絶対化を進める方法として、見られるものにするために「御真影」を掲示させたり、「行幸」を行うことである。

ところが、台湾についてはそんな時機ではない。侵略の機会を虎視眈々とうかがっている時だ。

元勲・山県有朋の創設といわれる「天皇国家と天皇制軍隊」を軸に、強大な軍事国家を目指す日本にとって、琉球の次は台湾の占領、そして、「大和化」「皇民化」であった。これが大陸侵攻を前提としたリゼンドルの東アジア戦略の路線であることは、すでに書いた。

さて、台湾における〝天皇の可視化〟は、領有後の一八九五年（明治二十八）十一月三日、天長節の祝賀式が大々的に挙行され、具体的に取り組まれた。一九〇一年（明治三十四）には、台湾神社が完成、ここに初めて台湾植民地統治下における天皇支配の総本山ともいうべき拠点が誕生したのである。

そして、昭和天皇の皇太子時代、「台湾行啓」が初めて行われた。一九二三年（大正十二）四月十二日から十二日間にわたって基隆、台北、新竹、台南、高雄、屏東、澎湖島と回っている。「行啓」は周到な準備と厳重な警備の下に全島あげて演出された。その「奉迎」はどこでも大々的

＜万歳＞
摂政宮皇太子裕仁親王の台湾訪問を記念して、港には大きな万歳の文字のイルミネーションが輝いた（大正12年4月16日、基隆港で、荒木絢子さん提供）

に行われた。

〃天皇の島〃台湾が、次代の天皇になる皇太子をやっと迎えるまでになったという、植民地支配下における天皇の威光をアピールする絶好の機会として、この「行啓」はとらえられていた。

オビンタダオは、この時、小学校四年生だった。霧社小学校からたった一人選ばれ、皇太子歓迎のメンバーとして台北に行っている。台北の学校には、全国からオビンと同じような山の子供が集められ、国語を十日間も特訓させられた。「皇太子様は背が高くて、男前だった。薄い桃色のようなズボンをはいて格好よかった。教壇の上に椅子をおいて座った。その姿は終生忘れることがないほど印象的だった」と当時を語る。

皇太子は、この時、原住民の呼称を従来の「蕃人」から「高砂族」に改めている。

岩波講座『近代日本と植民地』に、〃天皇の可視化〃について面白い記述がある。

「天皇が各地を視察して回ることは、象徴論的に見れば〈捺印〉の機能を有している。《途中略》民衆に見せられる天皇とは、全ての正統性の源泉としての天皇であり、一方天皇に見せられる民衆とは、整序された階統性に位置付けられた臣民でなければならない」

つまり、天皇を見た者は、天皇から〈権威的捺印〉を押され、その瞬間から天皇の良き臣民となるように暗示させられるのだ。

昭和に入ると、台湾は南方侵略の「動かざる航空母艦」として、〃天皇の島〃の重要性は、沖縄とともに益々、高まって行く。そして、昭和十年代に入り、戦局の悪化とともに「皇民化」という言葉がやたらに氾濫するようになる。台湾や朝鮮の植民地で行われた、この皇民化運動とは、とどのつまり、台湾人を、朝鮮人を「忠良な天皇の赤子」として戦場に送るのが目的であった。『総検証・天皇と日本人』(朝日ジャーナル臨時増刊号/八九年一月二十五日)で関曠野は「家族制度と父子相続される所有権の始源」と題する論文で、「……民衆の天皇に対する態度が日清、日露の戦勝を契機に一変したことについては、多くの証言がある。天皇は軍事的勝利の象徴だった。《途中略》だから近代天皇制には、侵略戦争という血の儀式と聖なる所有権を除いては、神秘的なものは何もない」と言い切っている。

日本は、王政復古の名の下に維新以後、軍事国家として琉球を呑み込み、台湾を植民地にした。そして、その過程、およびその後の支配体制には、国民を絶対的権威のもとに統一して行った。日本帝国主義の忌むべき集約の形があったと言ってもいいだろう。

霧社事件の数少ない生き残りだったオビンタダオは、私が初めて会った三年後の一九九六年九月、台湾・台中市の病院で静かに八十二歳の人生を閉じた。少数民族タイヤル族に生まれ、日本人として育てられ、中国人として死んだ、老婆の生涯は、まさに台湾近代史そのものである。

富貴角
石門
淡水
北投
基隆
鼻頭角
福隆
林口
桃園県
新店
台北
台北県
亀山島
新竹
烏来
宜蘭
新竹県
羅東
苗栗
苗栗県
宜蘭県
大安港
三義
梨山
台中県
台中
豊原
大禹嶺
太魯閣
鹿港
彰化
埔里
霧社
花蓮
彰化県
南投
花蓮県
澎湖島
雲林県
斗六
南投県
光復
馬公
北港
嘉義
嘉義県
瑞穂
澎湖県
新営
土亞口
台南県
台南
関廟
高雄県
台東県
東港
旗山
台東
鳳山
屏東
高雄
知本
緑島
林園
屏東県
大竹
佳冬
小琉球
東港
大武
枋寮
牡丹
車城
石門
蘭嶼
恒春
墾丁
猫鼻頭
鵝鑾鼻

3 霧社事件

日本・台湾関係史

1624	オランダ・東インド会社の台湾支配
1661	明朝の遺臣・鄭成功、オランダ勢力を追放
1683	鄭政権崩壊、清朝支配に
1868(明治元年)	明治維新
1871(明治4年)	漂流の琉球漁民54人、台湾原住民に殺害される
1874(明治7年)	琉球漁民殺害を口実に日本軍出兵
1894(明治27年)	日清戦争
1895(明治28年)	下関条約。台湾割譲(8月)/日本支配に台湾人抵抗(5月)/樺山資紀初代総督着任、台湾を接収(6月)
1896(明治29年)	タイヤル族が日本統治に反抗(5月)。以後20数年間に及ぶ戦いが続く/乃木希典、第3代総督に(10月)
1898(明治31年)	児玉源太郎・第4代総督、後藤新平・民政長官(2月)
1901(明治34年)	台湾神社完成(10月)
1904(明治37年)	日露戦争
1907(明治40年)	原住民への教育制度を確立(3月) 【下山治平、台湾中部・マレッパ駐在所に赴任】
1912(大正元年)	【下山治平、ペッコタウレと政略結婚】
1914(大正3年)	【治平の長男・下山一誕生】
1919(大正8年)	最初の文官総督に田健治郎就任
1923(大正12年)	皇太子裕仁(後の昭和天皇)台湾訪問、原住民に「高砂族」の名称を与える(4月)/関東大震災(9月)
1925(大正14年)	【下山治平帰国】
1928(昭和3年)	台北帝国大学設置
1930(昭和5年)	霧社事件勃発(10月)
1931(昭和6年)	第2霧社事件勃発(4月)/満州事変始まる(9月)
1932(昭和7年)	満州国建国宣言(3月)
1933(昭和8年)	日本、国際連盟脱退(3月)
1935(昭和10年)	【下山治平、台湾再訪】
1936(昭和11年)	2・26事件(2月)
1937(昭和12年)	皇民化運動本格化(4月)/盧溝橋事件(7月)
1938(昭和13年)	国家総動員法、台湾に適用(5月)
1939(昭和14年)	ノモンハン事件(5月)
1940(昭和15年)	台湾人の改姓名始まる(2月)/[下山一、井上文枝と結婚]
1941(昭和16年)	太平洋戦争(12月)
1942(昭和17年)	第1回高砂義勇隊(4月)。以後7回派遣
1944(昭和19年)	台湾人に徴兵制適用(9月)
1945(昭和20年)	【一の三女・下山操子誕生】/ポツダム宣言受諾・日本降伏(8月)/台湾、中華民国に/日本人の本土引き揚げが始まる(12月~翌21年4月20日完了)
1946(昭和21年)	【ペッコタウレ死去。53歳】
1947(昭和22年)	【2・28事件】
1949(昭和24年)	中華人民共和国成立(10月)、中華民国、首都を台北に
1950(昭和25年)	蒋介石、総統に復帰/朝鮮戦争勃発(6月)
1952(昭和27年)	日華平和条約調印(4月)/【下山治平、静岡で死去、66歳】
1953(昭和28年)	【下山一家、逃亡先の山から霧社へ】
1954(昭和29年)	【下山一家、台湾国籍を取得】(5月)
1971(昭和46年)	中華人民共和国、国連加盟(10月)。中華民国、脱退
1972(昭和47年)	日中国交成立。日本は台湾と断交(9月)
1974(昭和49年)	インドネシアのモロタイ島で台湾人日本兵スニオン(中村輝夫)が発見
1975(昭和50年)	蒋介石死去(4月)
1987(昭和62年)	戒厳令解除(7月)

「脱亜」の群像 4

シベリア出兵と「極東共和国」

――日ソの緩衝国家はいかにしてつくられたのか

国家にも人間と同じように年齢というものがあるとすれば、明治末から大正の日本のそれは、はたち前の十七、八歳ということにでもなろうか。やんちゃで、暴力的で、身勝手で……。近代国家に仲間入りしたばかりの当時の日本は、その上、始末の悪いことに、こずるさまでもが加わった。

その象徴的な出来事の一つにシベリア出兵がある。

一九一七年（大正六）十一月、レーニン率いるボルシェヴィキ（ロシア社会民主労働党多数派、後のソ連共産党）によって、ロシア革命が起きると、欧米諸国は地球上に初めて誕生した共産主義政権に恐怖感を抱き、この政権を打倒し、ドサクサ紛れに、あわよくば自国の権益を拡大しようと、露骨な干渉を行った。イギリス、フランス、ドイツ、イタリア、アメリカ、日本など十四カ国が加わり、ロシア国内にそれぞれの軍隊を派遣した「干渉戦」が、それである。

日本は、一九一八年（大正七）八月、干渉戦に参戦していたチェコスロヴァキア軍団の支援と救出、ロシア極東地域に住む邦人保護を口実に、ウラジオストクに派兵した。しかし、日本は共同出兵したアメリカ（派兵数七千）に協議することなく、独断で十月末までに七万三千の大軍をシベリアに送り、バイカル湖以東を制圧した。

二年後、他の国々は撤兵したのに、ただ一国、日本だけがその後も二年間、駐留し続けた。その間、ニコライエフスク（尼港）で、パルチザンによって日本軍人・居留民七百数十人が殺害されるという、いわゆる尼港事件が勃発する。日本軍は、その仕返しとして北樺太を占領するなど、パルチザンとのゲリラ戦がシベリア各地で激しく展開された。

また、干渉戦の最中にボルシェヴィキ政権によって一九二〇年（大正九）四月、ウラン・ウデを首都（後にチタ）とする「極東共和国」という耳慣れない短命な国家も誕生している。この興味深い「極東共和国」こそ、実は、〝鬼っ子〟日本との軍事的衝突を避けるために、ボルシェヴィキ政権が考えに考え抜いた末に成立させた〝緩衝国家〟であった。

結局、北樺太からの撤兵を含めた足掛け八年の出兵は、戦費約十億円（当時）、死者三千人を超える犠牲を払いながら、なんら得るところがなかった。そればかりか、ソヴィエト政権が誕生して間もなく、まだまだ危険で、不安定な状態というタイミングに行われた外部からの干渉だったために、ソヴィエト人民の列強への恨みは一層深いものとなった。とりわけ長期間、シベリアに執着した日本への敵意は、その後の日ソ関係に決定的な影響を及ぼすことになるのである。

戦後を生きる我々にとって、不可解な国のひとつはソ連（ロシア）であった。終戦を目前にした一九四五年（昭和二十）八月九日になって宣戦布告し、戦後は日本の固有の領土である北方領土をがん

1921. 5. 26.
カッペリー軍

<連行されるパルチザン>
日本軍とロシア白軍によりウラジオストクを占領された極東共和国のパルチザンは、武装解除された後、収容所に連行された（1921年5月26日、ウラジオストクで、松村みかさん提供）

として手放さず、日本と長く冷戦状態を続けて来た。何故、ソ連（ロシア）はあれほどまで日本を敵視するのか。「陰険だ」「ずるい国だ」「いや、ロシア人はお人良しだが、ソ連という国家となると理解できない」と、何か事あるごとに、ソ連（ロシア）批判が飛び出して来た。アメリカのやることはすべて正しく、ソ連のやることはすべて疑ってかかるべしという意識は、戦後のアメリカ占領下で、さらに増長した。現代になっても、相変わらず日本民族は自分たちが長年にわたって培養して来た反ソ感情の源を見つめる事なく、身勝手な言い分を声高に叫んでいる。

　では、一体、いつごろからロシア人と日本人が憎しみ合うようになったのであろうか。古来から国境を接する国同士というのは例外なく仲が悪い。こうした両国の複雑な絡みを解きほぐすには、歴史を見直すことこそ得策である。歴史を少しばかり紐解くだけで、相

＜軍港ウラジオストク＞
ウラジオストクの町、軍港と金角湾の全景（2枚つなぎ）。ウラジオストク港は1873年（明治6）に開設された。写真中央は日本軍艦「三笠」。その他はアメリカや中国の軍艦。対岸はチュルキン半島（1921年5月、松村みかさん提供）

いれなかった隣国同士の気持ちが、意外なほど簡単に理解できるはずだ。その意味で今、「シベリア出兵」という歴史的な出来事を見つめ直すことは、有意義なことである。

司馬遼太郎氏は『ロシアについて』（文芸春秋／一九八六年）の中で、シベリア出兵について、「前代未聞の涜武《とくぶ》といえる。理由もなく他国へ押し入り、その国の領土を占領し、その国のひとびとを殺傷するなどというのは、まともな国のやることだろうか」と激しい口調で、当時の日本政府の蛮行を責めている。そして、「ソ連は、建国のときにこの痛手をうけた。自国の革命を守るために過剰に武装するという体質ができるのは、このときからだったといえる。同時に、日本に対する武力的な警戒を過度にするという伝統が加重されたのも、このときからだともいえそうである。〈途中略〉日本とこの隣国は、交渉がはじまってわずか二百年ばかりのあいだに、作用と

＜日本軍将校たち＞
ウラジオストク駐留の歩兵36連隊幹部ら。中央はシベリア派遣軍司令官・松浦師団長（1921年、ウラジオストクで、松村みかさん提供）

反作用がかさなりあい、累積しすぎた」と続ける。日露戦争の報復を恐れた日本が大国ロシアに脅えたのは理解できる。が、帝政の自壊を幸いにロシアを一気に叩こうという行動へとつながったことが、その後の不幸の元になった。第二次大戦後の邦人のシベリア抑留や北方領土をめぐる日ロ間における今日の状況は、こうした背景が根底にあるのだと言いたげである。

『日露国境交渉史』（木村汎著／中公新書）の著者も、そのことに触れ、「日本人がシベリア抑留を容易に忘れ得ないように、ロシア人その他の当時シベリアに生活していた諸民族が、日本軍によるロシア国土の軍事占領に対して苦い思いを抱いていることは、確かである」と記している。

では、歴史的にも愚行極まりないといわれる日本軍の「シベリア出兵」とは一体、どんなものだったのか。

先にも少し触れたように、この出兵は一九一八年

＜捕虜収容所＞
1919年（大正8）ごろ。シベリア出兵当時の日本軍のウラジオストク捕虜収容所表門。捕虜の外出風景。収容所長だった日本人のアルバムから（大山みどりさん提供）

（大正七）、前年に起きたロシア革命のドサクサに乗じてシベリアに列強がこぞって兵を送り革命に干渉し、あわよくば圧殺してしまおうという、まさに弱肉強食的侵略行為であった。

当時、列強の意識の中には、まだ植民地獲得という中世的な考えが色濃く残っていた。〝眠れる獅子〟といわれ、欧米、日本などに食い物にされた清国の次に、列強が虎視眈々と狙っていたのがシベリアだった。そこが、ロシア革命で権力が空白になり、無政府状態になった。好機とみた列強は続々、兵をシベリアに送った。当初、兵力約二万五千の連合軍（日米英仏）が組織され、その半数近くの一万二千が日本軍だった。ところが、三カ月後には日本軍だけで七万三千に増強されたのである。これは、出兵当初、アメリカとの対立を避け、協調出兵を唱えていた政府部内にあって、強行にシベリアを日本の支配圏に収めようとする自主出兵論が台頭して来た証しである。アメリカは、日本の出兵には警戒的で、シベリアと中国東北鉄道の支配にはあくまで反対で

＜反革命軍＞
1918年（大正9）9月。チタ駅に停車中の“列車砲”で出征する反革命派のセミヨノフ軍兵士（林治子さん提供）

あった。

　しかし、日本政府は実際には協定を無視し、独断で七万三千という大軍をバイカル湖以東のシベリアに展開したのである。

　国内世論は『大阪朝日新聞』『東洋経済新報』をはじめ多くの新聞、雑誌が終始、内政不干渉を唱えて出兵に反対した。また、対外戦争につねに熱狂して来た国民もシベリア出兵にだけは冷ややかな態度をとった。大正デモクラシーに目覚めた労働者は、二〇年（大正九）五月、日本で最初のメーデーを開催。八時間労働制とともに「シベリア即時撤兵」を決議している。

　が、日本軍部は、こうした国内世論を無視してシベリアの反革命軍を援助し、東部シベリアを日本の勢力範囲にしようと企てたのである。

　ところが、ロシア人はパルチザンでこれに抵抗した。司馬遼太郎氏の言葉を借りれば「シベリアは空き家」ではなかった。ロシア人にとって、かつて獲得した土地ではなく、すでに父祖の地になっており、彼ら個々が命を捨ててもこれを守るに価する情念の地になっていたのである。

彼らとは、コサックのことである。

シベリアの歴史には必ず彼らが登場する。コサックとは、「向こう見ず」とか「自由な人」を意味するチュルク語である。最初、コサックは、トルコ人やタタール人の山賊や戦士を意味した。が、十五～六世紀にかけてモスクワ公国やポーランド王国の強圧的な支配を嫌って辺境に逃亡する農民の集団そのものをさすようになった。その中で、最も有名なのは農奴制の強化、飢饉、重税というロシア公国・イワン四世の圧政からドン川流域に逃亡した、農民たちの自由な軍事的共同体「ドン・コサック」である。ドン・コサックの英雄「ステンカ・ラージン」はロシア民謡の代表作として多くの人に親しまれている。

ともあれ、そのコサックたちの抵抗が凄まじかった。

<コサック兵>
1918年（大正9）9月。チタの町に出没したロシアのコサック団（林治子さん提供）

＜パルチザン＞
親ボルシェビキ派の極東共和国パルチザン（カッペリー軍）1920年1月以来、ウラジオストクを掌中に入れていた。ところが、1921年5月、日本軍とロシア白軍により反革命が成功。その時の写真で、パルチザンは武装解除され、町中に整列させられた（1921年5月26日、ウラジオストクのスヴェトランスカヤ通りで、松村みかさん提供）

列強がシベリアに兵を送り込んだその冬から、シベリア各地のパルチザン活動は激しくなった。ゲリラ戦の勝敗は、その土地をいかに掌握しているかにある。雪と氷の〝冬将軍〟を味方に、コサックたちで編成されたパルチザンは、日本軍をはじめ列強軍を大いに悩ますのである。

ここでパルチザンについても少しばかり触れておきたい。もともとパルチザンとは、本来は何らかの党派あるいは思想に参画し、身を捧げる人をさしたが、転じて部隊の指揮に巧みな人、さらには軽装兵や不正規兵の部隊の一員を意味するようになった（『日本大百科全書』／小学館）。つまりゲリラの同義語として解釈されるが、ロシア革命以後は、特に社会主義的な思想を持つゲリラに対する言葉として定着している。

そのパルチザンに手を焼き、列強は二〇年（大正九）一月、結局、シベリアからの撤兵を声明する。ところが、日本軍だけが東部シベリアに固執した。その結果、尼港事件が起こった。

事件のあらましはざっとこんな風である。同年二月、黒竜江のオホーツク海に面したアムール河口のニコライエフスク（尼港）を占領中の日本軍一個大隊と居留民七百余人は、約四千のパルチザンに包囲され、休戦協定を受諾。ところが三月十三日、日本側が不法攻撃に出たために、パルチザンの反撃を受けて日本軍は全滅、将兵、居留民百二十二人が捕虜となった。五月二十五日、日本軍が日本人捕虜などの救出作戦を敢行したところ、パルチザンは日本人捕虜百二十人を殺戮し、町を焼き払って撤退した。この一連の「尼港事件」の日本側の犠牲者は総計して居留民三百八十四人、軍人三百五十一人にものぼった。

　これは、世界を揺るがす大事件である。

　日本は、この事件を過激派の残虐性を示すものとして国内外に向け大々的に宣伝し、反ソ世論を高めるのだった。日本軍

上：<軍馬の積み降ろし>
シベリア派遣軍野砲9連隊のウラジオストク上陸。日本軍艦船「新高丸」から降ろされる軍馬（1921年4月10日、松村みかさん提供）
下：<ウラジオストク占領>
1921年5月、ウラジオストクで、日本軍とロシア白軍による反革命が成功した。パルチザンは検挙され、町角には武装した日本軍兵士が目を光らせる（5月26日、スヴェトランスカヤ通りで、松村みかさん提供）

参謀本部はこれを好機とみて、国内の出兵中止の声を圧殺した。そして、軍部は、尼港事件の賠償の保証として北樺太を占領したのである。が、二五年（大正十四）の日ソ基本条約（国交回復交渉）で、日本側の賠償請求は拒否され、結局、同年五月、北樺太からも撤兵することで一連の事件は解決した。これで、足掛け八年にも及んだ日本軍のシベリア出兵にピリオドが打たれたのである。が、シベリアに住むロシア人らには、日本人への不信感と恨みだけが残った。

そして、日本軍はこの後もシベリア出兵と尼港事件を教訓にすることなく、ソ連との間で一九三九年（昭和十四）にはノモンハン事件を起こし、満州に野望を抱き、四五年の手痛い敗戦を迎えることになるのである。

話をもう一度、シベリア出兵当時に戻したい。コサックによるパルチザン活動という軍事的な側面からだけではなく、日本軍の暴走を政治的な面で食い止めていた緩衝国家「極東共和国」にも触れておきたいからだ。この国家は、ロシア革命が徐々にシベリアなど地方に浸透して行く過程で、二年半、存在した。

ボルシェヴィキ政権を支える赤軍は、革命政権統一に向けて東進、一九二〇年（大正九）初め、イルクーツクに到達した。が、バイカル湖以東の一部を占領する日本軍との衝突を避ける

<破棄される赤旗>
反ボルシェビキ派のパルチザンを制圧、赤旗を町中で破棄する日本軍関係者とロシア白軍兵士ら（1921年5月26日、松村みかさん提供）

ため、赤軍の前進を止め、さらに極東地域でのソヴィエト政権の樹立をも避ける方針を取った。理由は、旧帝政との戦いに赤軍は疲弊し、日本軍に比べ軍事力において圧倒的に不利な立場に立たされていたからである。

そして、二〇年四月六日、解放されたベルフネウージンスク（現ウラン・ウデ）にボルシェヴィキ主導の「極東共和国」を成立させ、独自の人民革命軍を組織した。その後、セミョーノフ軍など反革命軍をチタから掃討し、極東地域に成立していた諸政府の代表者会議をチタで開催、憲法制定会議の選挙も行っている。その結果、共産党とそのシンパが四分の三を占め、共産党の指導の下にソヴィエト政府と密接な関係を持ちつつ、日本軍の撤兵を国際世論に訴えた。ソヴィエト制ではなく、あくまで議会制共和国という政体をとったが、これは共産主義を嫌う日本への牽制のためであった。後に首都をチタに置き、その勢力は太平洋沿岸にいたる極東シベリア全域、北樺太にまで及んだ。

日本とは一九二一年（大正十）八月から数度にわたって大連で会議を開き、シベリアからの即時撤兵を要求した。大連会議は決裂したが国際世論に押され、結局、日本軍は二二年六月、撤兵を宣言した。人民革命軍は、日本軍撤兵直後の二二年十月二十五日、ウラジオストク入りし、「極東共和国」は日本軍のシベリア撤兵が完了した一カ月後の二二年十一月十四日、その目的を達し、ソヴィエト・ロシアに合流した。

＜看護婦宿舎＞
1920年（大正9）。ウラジオストク陸軍病院の看護婦宿舎。着物姿、針仕事、刺繍、編み物などをする看護婦。板壁には朝鮮半島と満州、シベリアが含まれた地図が貼られている（吉田輝子さん提供）

ところで、日本とロシアを考える時、常々、思うことは大国ロシアに対する日本の異常なまでの被害者意識である。

革命によって倒された帝政ロシア・ロマノフ王朝最後の皇帝ニコライ二世が皇太子時代の一八九一年（明治二十四）五月、日本を訪問し、琵琶湖のほとり大津

＜ロシア婦人の出産＞
1921年（大正10）。ウラジオストクの陸軍病院での現地ロシア婦人の出産の光景。出兵という状況下で、産声をあげる赤ん坊を産湯につける日本人看護婦。つかの間のほほえましいシーンだ（吉田輝子さん提供）

を見物中、元武士の巡査・津田三蔵によって右こめかみを切りつけられ負傷するという事件が発生した。いわゆる「大津事件」である。この時の日本政府と国民の動揺は異常といっていい。『ニコライ二世の日記』（保田孝一著／朝日選書）によれば「事件が公表されると国中が震駭し、その夜電報を皇太子の旅館に寄せて、その容体を問い、かつ慰藉する者、その数を知れなかった」という。また、別の資料によればニコライ二世への陳謝のつもりから割腹して果てた女傑までいたという。

　この事件以来、ニコライは日本人を「猿（マカーキ）」というあだ名で呼び、蔑視したという話が司馬遼太郎氏の『坂の上の雲』（文春文庫）に紹介されている。そして、事件の三年半後、ニコライは即位して皇帝になるのだが、このころからロシアの極東政策は急激に侵略的になる。日清戦争後の三国干渉、旅順・大連の清国からの強引な租借、そして、決定的な出来事が日露戦争だ。国民性というものが浮き彫りになるのは、こういう時なのかも知れない。多くの日本人はロシアのこの急激な変化はすべて大津事件に恨みを抱くニコライの仕業だと感じた。

　ところが、『ニコライ二世の日記』からは、こうした事実は出て来ない。それどころか日記にはロシア人であれ、外国人であれ、他人を「猿」と罵るようなことは決して書かれていないと、筆者の保田氏は従来、伝えられてきたニコライへの嫌疑を晴らしている。恐らくニコライの取り巻きであるウィッテ蔵相あたりから流された差別的発言であっただろうと保田氏は推測する。

ともあれ、この大津事件ひとつをとっても日本人のロシアへの脅えが、いかに大きなものであったかが想像できる。そして、大国ロシアに対し、弱小国ニッポンが被害者意識を増大させ、〝亡国の危機〟などと叫ぶ一部の輩によって幻惑され、過剰防衛から、いつしか加害者の側に回るといった構図を生んで来たのである。

× × ×

九一年暮れ、ソ連邦が消滅し、再びロシアに戻った。今、ロシア、中国、韓国、朝鮮民主主義人民共和国（北朝鮮）と日本は、小さな日本海を舞台に「環日本海経済圏」を目指そうと懸命である。江戸時代、北前船で栄えた日本海側の中心的な港町・新潟には空からも海からもロシア人が訪れている。さらに韓国の港町・釜山の街頭に立てばロシア語の看板が林立し、ロシア人たちが闊歩する。

人、物が自由に行き交うことこそ、一部の権力者たちによって振り回されて来た〝貧困な精神〟を過去のものとして葬り去ることができるのだ。

4 シベリア出兵と極東共和国

シベリア出兵関連年表

1891(明治24年)	ロシア皇太子ニコライ2世襲撃さる(5/11大津事件)
1894(明治27年)	日清戦争(～95)
1895(明治28年)	遼東半島問題で独仏とロシア、三国干渉(4/23)
1900(明治33年)	義和団の乱
1902(明治35年)	日英同盟
1904(明治37年)	日露戦争(～5)
1905(明治38年)	日本軍、南樺太に上陸、軍政実施(7/7)
1914(大正3年)	第1次大戦始まる(8月～18年11月)
1917(大正6年)	ロシア革命(11月)
1918(大正7年)	英仏が日米にシベリア出兵要請(1月)／日本、在留邦人保護を名目にウラジオストクに軍艦派遣(1/12)／ウラジオストクに反ボルシェヴィキの臨時シベリア政権樹立(6月)／日本、シベリア出兵宣言(8/2)／派兵数7万3000人に(10月末)
1919(大正8年)	シベリア各地でパルチザン活動活発化(1月)
1920(大正9年)	ウラジオストクなど各地で市民蜂起(1月)／パルチザン、ニコライエフスク(尼港)の日本軍を武装解除(3/13)／ウラジオストクのパルチザン、日本軍により鎮圧(4月)／親ボルシェヴィキ・極東共和国樹立(4/6)／日本最初のメーデー(5/2)／パルチザン、日本軍人・居留民七百数十名を殺害(尼港事件・5/25)／英仏軍、シベリアから完全撤退(6月)／日本軍、北樺太を占領(7/3)／極東共和国との停戦協定成立(7/15)
1921(大正10年)	シベリアで日本軍哨兵の米将校射殺事件(1/8)／貴族院で加藤憲政会総裁、シベリア撤兵主張(1/24)／ウラジオストクで、日本軍など干渉軍による反革命が成功(5月～22年10月)／ロシア詩人エロシェンコに日本からの退去命令(5/29)／日本、極東共和国とシベリア撤兵で大連会議(8月～22年4月、決裂)／ワシントン会議で列強からシベリア撤兵の圧力(11月)
1922(大正11年)	日本、シベリア撤兵宣言(6/24)／日本、極東共和国と北樺太撤兵で長春会議(9月、決裂)／日本軍、シベリアから撤兵完了(10月)／極東共和国ソヴィエト・ロシアに合併(11月)
1923(大正12年)	関東大震災(9/1)
1925(大正14年)	日本軍、ソヴィエト政権承認(日ソ基本条約、1/20)／日本軍、北樺太から撤退完了(5/15)

玉砕の島サイパン悲史

——その侵略は500年も前から始まっていた

バンザイ・クリフと呼ばれる、悲劇の岬にはいつも強い風が吹いていた。昭和十九年七月、米軍に追い詰められた邦人婦女子や老人たちが、「万歳」と叫んで八〇メートルの崖下に身を投じた、玉砕の島サイパン北端の岬である。

あの日から半世紀余。今、岬のはずれに立って眼下を望めば、何事もなかったように打ち寄せる荒波が、岩肌をあらっている。遮るものひとつない紺碧の大海原、例えようもない解放感——。断崖にへばりつくように、海の藻屑となった邦人たちの霊を慰める幾つもの碑が立っていた。

日本の植民地の中でも最も歴史が浅く、はかない存在だった南洋群島。

マーシャル、マリアナ、カロリンの三群島を中心に、総面積二一五〇平方キロ。東西四〇〇〇、南北二五〇〇キロに及ぶ一大海域に、六二三もの島が点在する。

二五年間の日本統治時代、南海の島に夢を託した邦人は、最盛時、八万人を超えた。群島屈指の賑

＜彩帆（サイパン）神社＞
1944年（昭和19）6月17日。神社の境内で日本兵を探索するアメリカ兵。激しい戦闘で正面の大鳥居は残ったが、祠や他の鳥居は焼け落ちている（南洋群島協会提供）

わいを誇ったサイパンだけでも、独占的な製糖会社「南洋興発」を中心に、約二万四〇〇〇人もが住んだ。

ところが、その終末は、日米の前哨戦で、島々に沈む太陽の色のような、四万数千の兵士と一般邦人による真っ赤な血で、島全体が染まるという悲惨なものとなった。

多くの島々が、あの「八月十五日」の一年余前に、事実上の終戦を迎えていたのだ。そして、米軍占領後は、B－29による本土空襲の基地となり、隣のテニアン島からは、原爆を抱えた爆撃機が、二度にわたって飛び立って行った。

日本から南へ約二四〇〇キロ。西太平洋に浮かぶ島サイパンは、日本と歴史的にどうかかわって来たのか。

伊豆大島の二倍ほどという小さな島サイパンと日本との関係に触れる前に、サイパンを含んだマリアナ諸島の歴史をたどってみることにする。

サイパンの世界史上への登場は、〝発見〟という形によった。一五二一年三月、フェルナンド・マゼラン率いる三隻のスペイン艦隊が、前方に三つの島々を発見する。艦隊が、マゼラン海峡を抜けて四か月後のことだった。

マゼランが上陸したのは、グアム島のウマタック湾というのが定説だが、サイパン、ロタという説もある。

そのマゼランは、翌月、フィリピン・セブ島近くで先住民ラプラプ軍と交戦、戦死するのだが、サイパンをはじめグアム、テニアン、ロタといった島々にとって、「悪魔の使者」マゼランに発見されたことが、そもそも不幸のはじまりであった。

それから約半世紀。スペインのレガスピ艦隊が上陸、スペイン領有を宣言。当時のスペイン皇后マリア・アンナの名をとって、マリアナ諸島と命名した。フィリピンの領有をも勝手に宣言して引き挙げている。

マリアナ諸島に殺戮の嵐が吹き荒れるのは、それから百年後のこと。スペインのイエズス会宣教師サンギトーレスによる、先住民チャモロの伝統的な風俗習慣を無視した、強引な布教活動が発端だった。先住民を野蛮人としか見ていない宣教師たちは、反発するチャモロを次々に虐殺した。

その間に、サイパンではメジナ神父が、グアムではサンギトーレス自身も、チャモロによって殺害され、スペイン―チャモロは全面戦争に突入して行った。そして、チャモロの男はほとんど殺された。

その結果、虐殺以前、五万から一〇万人いたと推定される純粋チャモロは、スペインの同諸島完全制圧寸前の一六八〇年には、たったの約五〇〇〇人に激減した。

さらにスペインは、生き残ったマリアナ諸島のチャモロをすべてグアムに収容し、監視下におくという苛酷な手段をとった。わずかに生き残った誇り高いチャモロ女性たちは、子供が奴隷になるより産まない道を選び、ますます人口が減ったという。

そして、ついに一七八三年には、一五〇〇人にまでなったと推定されている（『マゼランが来た』本多勝一著／朝日新聞社）。もうほとんど民族絶滅である。

＜チャモロの少年＞
チャモロの人たちは、スペイン、ドイツ、中国人との混血を繰り返したが、生活様式は独特のものだった（南洋群島協会提供）

さて、そうした南海の悲劇の島々に、いよいよ日本人の存在が確認されるようになるのは、一八八四年（明治十七）からだ。マリアナ諸島から遥か離れたマーシャル諸島のラエ島で、漂流日本人の虐殺事件が起きる。

事件は、日本が派遣した特使に対し、大酋長が謝罪したことで一見落着する。翌年には遠洋航海中の日本の軍艦が、マーシャル諸島クサイ島に寄港。一八九〇年（明治二十三）には、田口卯吉による西カロリンへの航海が行われるなど、このころから日本人の目が、徐々に南海の彼方に向くようになる。

そして、日本人が南洋群島と経済的な関係をもったはしりは、一八八七年（明治二十）、小笠原の小谷信六という人物であったとされている（『別冊一億人の昭和史日本植民地史3』毎日新聞社）。

小谷は、当時、小笠原に流れ着いた南洋群島の住人から話を聞き、密貿易を思いつき、わずか四五トンの帆船で、東カロリン諸島のポナペ島まで行っている。

その後、田口や小谷らによる個人経営の貿易会社によって、南洋との貿易が細々と継続されていたが、一八九四年（明治二十七）になって、比較的規模の大きな「南洋貿易日置合資会社」が設立。一九〇八年（明治四十一）には、この会社と別の貿易会社が合併し、「南洋貿易株式会社」が誕生した。

この合併の背景には、当時ドイツの領有となっていた南洋群島で、ドイツと貿易の覇を競うには、小規模の日本の会社同士が競合していてはダメだという国策的な判断があった。

合併よりさかのぼること一〇年。一八九八年（明治三十一）、スペインはアメリカとの戦争に敗れ、マリアナ、カロリン諸島をドイツに売却していた。

＜内地から到着＞
日本から南へ2400キロのサイパン島。こうした南洋航路の船で多くの邦人が夢を抱いて渡ってきた。交通船は3000トンから6000トンで、船酔いに悩まされての旅の果てである（南洋群島協会提供）

＜日本人街＞
1934年（昭和9）8月7日。サイパンの中心街、北ガラパン2丁目通り。全群島を通じての大都会で、通称“ガラパン銀座”といわれた。この周辺に1万数千人の日本人が住み、日本人商店が軒を連ねていた。中尾歯科医院の看板、ユニオンビールの文字が見える。この日は、南洋興発の創業者・松江春次の銅像建立の祝賀で、全島挙げてのお祭りだった。通りには星条旗などの万国旗が翻っている（南洋群島協会提供）

しかし、そのドイツも、第一次大戦の敗北（一九一八年十一月）によって、南洋諸島を手放す。大戦の戦後処理を決めたベルサイユ条約（一九一九年六月）によって、日本はドイツが領有していた中国大陸・山東半島と赤道以北の南洋群島を手に入れたのである。

ただし、南洋群島は日本の領土に併合されるのではなく、同条約により結成された国際連盟の委任を受けて、日本が統治するという新しい形を取った。この委任統治という形式により、日本は南洋群島での軍事基地の建設と土着民に対する軍事教練、強制労働を禁じられた。

また、外人宣教師の居住、信仰の自由の保証も求められたが、日本は事実上、この地域を自国領に組み入れ、広大な西太平洋海域の制海権を獲得した。

そもそも日本が第一次大戦に参戦、ドイツに宣戦布告したきっかけは、大戦勃発（一九一四年）から一〇日後の八月七日、日本政府のもとにイギリスからの、こんな至急電が届いたことにあった。「東シ

＜サトウキビ＞
サイパンの主産物は砂糖。日本人移民の多くがサトウキビ栽培に従事した。写真は、サトウキビ刈り取り風景。サトウキビは、まずカレタと呼ぶ牛車（写真中央）で畑から運び出され、島内に張り巡らされた鉄道で南洋興発の製糖工場に運ばれた（南洋群島協会提供）

ナ海を航行するイギリスの商船を、ドイツの武装船の攻撃から守ってほしい」。日英同盟にもとづく協力要請である。

が、イギリスは、日本に参戦を要請したものの、一抹の不安を抱いていた。日本軍部のアジアへの暴走にである。要請を受けた日本は、「欧州の大禍は日本の国運を発展させるための天佑である」という元老・井上馨の言葉に象徴されるように、小躍りしてこのチャンスに飛びついた。

日本軍は、電撃的にアジアのドイツ領を攻め落とす。そして、その後のベルサイユにおける日本の脅迫的な終戦処理外交を見れば、イギリスの杞憂は現実のものとなった。が、それ以上に苛立ちを募らせたのは、アメリカである。

戦後処理に新しい理想を貫こうとしたウィルソン米大統領は、ベルサイユで日英仏が手を組んだことで窮地に追い込まれた。揚げ句の果て、自身が提唱した国際連盟も、議会の抵抗で批准されることなく、失意のうちに一九二四年、亡くなる。

そして、アメリカの太平洋戦略も大きな衝撃を受けた。日本がドイツの権益を引き継いだことで、米本土とフィリピンとの間にくさびが打ち込まれ、南洋随一の拠点であるグアム島を孤立させることになってしまったからである。

アメリカは、一八九八年（明治三十一）、内紛に乗じてハワイ王国を併合。続いてスペインとの戦いで、グアムとフィリピンを領有した。アメリカはこれに満足することなく、さらに中国大陸を強く望んだ。

このようなアメリカの動きは、日本を刺激した。ベルサイユでの領土問題をめぐる席でウィルソンは、「今後、世界平和を脅かす危険は太平洋地域だ」（『ドキュメント昭和1ベルサイユの日章旗』角川書店）と予見している。

日米の南洋群島をめぐる確執は、サイパンが戦場と化す二〇年以上も前の、実はこの時点で想定されていたといっても過言ではない。

第一次大戦勝利の分け前として、タナボタ的にドイツ領植民地を手に入れた日本は、広大な一大海域を六支庁（サイパン、ヤップ、パラオ、トラック、ポナペ、ヤルート）に分け、南洋庁本庁をパラオ諸島のコロールに開設した。邦人が移民という形で、本格的に南洋に進出するのは、これ以後だ。

この頃、サイパンに渡った日本人移民の夢と絶望を綴った『海の果ての祖国』（野村進著／講談社文庫）は圧巻である。

同書によれば、一九一五年（大正四）、山形出身の山口百次郎という人物がサイパンに渡った時、島民はチャモロとカナカ（現在ではカロリン人と呼ばれている）合わせて約二七〇〇人だった。日本人も三〇人ほどいた。ほとんどが明治末以来、ドイツ治世下で、日本企業の代表として店を張っていた南洋貿易の関係者で、ガラパンと呼ばれる島西岸沿いの中心部に寄り添うように住んでいた。彼は、衣料、食料、日用品から石油、建築資材までを扱い、日本製品をサイパンに浸透させていた。

数年後、帰郷した山口に率いられた山形県からの移民百余人が、スペイン時代の大虐殺で無人島になっていたテニアンに渡り、ヤシ栽培に従事する。が、虫害で大失敗に終わる。彼らは再びサイパンに渡り、サトウキビ栽培に汗を流すが、軌道に乗らなかった。内地では、南洋は産業的にみて経済的価値がないと、放棄論さえも飛び出した。

そして、一時は、一千人近い移民が飢餓の縁に立たされるという事態も発生。原敬内閣にとって、看過できない問題に発展した。サイパンで飢饉や暴動が起きれば、アメリカを中心に、南洋群島返還論や再分割案が持ち上がるのは必至だからである。

そうした苦境を救い、サトウキビ栽培を島挙げての産業に導いたのが、「南洋興発」であった。後に台湾をもしのぎ、サイパンを製糖の島として世に売り出すことになる南洋興発を語るには、何といっても創始者であるこの人物をおいて他にはない。

松江春次――。

<砂糖王>
「天皇陛下の次に偉い人」とサイパンで絶対的な力を持っていた南洋興発の創業者・松江春次＝96年4月22日、松本逸也撮影

生存中から〝砂糖王〟と呼ばれ、一九三四年（昭和九）八月に建立された松江の銅像は、今でもガラパン市街のシュガー・キング・パークに戦火をくぐり抜け、無傷のままデンと立っている。

一九三三年（昭和八）、南洋群島全島を踏破して著した紀行本『赤道を背にして』能仲文夫著／復刻版・小管輝雄編／南洋群島協会）によると、松江は福島県会津の出身である。

一九〇〇年（明治三十三）、蔵前の高工を卒業し、大日本製糖に入社。間もなく、農商務省（当時）の海外実習練習生として欧米に留学、アメリカの大学で製糖を研究し、一九〇五年（明治三十八）に帰国。再び大日本製糖に入社し、日本で最初の角砂糖を造った。

その後、台湾の斗六製糖、新高製糖

＜お祭り騒ぎ＞
1934年（昭和9）8月7日。南洋興発の創業者・松江春次の銅像建立祝賀会は、サイパン島上げてのお祭りだった。邦人たちは夜通し、東京音頭を踊り、浮かれた（南洋群島協会提供）

と製糖畑を一筋に歩んで来た。

その頃、日本の製糖産業のほとんどを支えていたのは台湾である。折しも第一次大戦の余波を受けて、世界の砂糖相場は暴騰を続けていた。

ところが、耕地面積の少ない台湾での製糖には、おのずと限界があると、松江は踏んでいた。そして、松江はサイパンに目をつけた。その理由は、気候風土が台湾より適していることと、土地の肥沃さにあった。

一九二一年（大正十）、松江は初めてサイパンを訪問、地下足袋、脚絆姿で密林を踏査、ますます確信を深めるのだった。

松江は朝鮮や中国大陸で、植民活動を中心になって進めていた国策会社東洋拓殖から投資を受け、異郷のサイパンで生活に困窮していた移民と、経営的に苦境に立たされていた西村拓殖、南洋殖産をそのまま引き継ぐことで、南洋興発を設立した。

こうして、南洋興発は、名実共に南洋の製糖業を独占することになったのである。

松江がまず着手したのは、全島にサトウキビ運搬用の鉄道をぐるりと敷設することだった。そのために、労働力として二二〇〇人を超える沖縄県人が、サイパンに渡った。

島民のチャモロやカナカから労働者を募るという考えは、松江には端からなかった。

＜シー・レーン＞
サイパン沖を行く日本の艦船。南洋群島海域を警備するには余りにも広大過ぎた（南洋群島協会提供）

「南洋の土着民は例えば爪哇《ジャワ》の如く人口過剰で、労銀の極端に安い地方ならば格別、其の労力は能率を重んじる現代の産業に使用出来ないのであって、群島の島民も所詮は、保護民族として終始するより外ないものであろう」（松江の回想録『南洋開拓拾年誌』から）。

松江の考え方が、この一文にすべて表されている。つまり、資本の論理と日本民族が、絶対的に優等民族であるとする意識である。当然、こうした意識は、様々な局面で、南洋興発の行動となって露見した。

沖縄県人を新たな労働力とした背景には、大量の移民を手っ取り早く集められることに加え、労賃の安さがあった。

ところが、南洋興発の滑り出しも、「ケイン・ボーラー」というサトウキビにとっては恐るべき害虫に悩まされるなど、決して順調なものではなかった。それに、関東大震災が追い打ちをかけた。が、苦心惨憺の末、サトウキビの新種栽培に成功し、その後は年々、砂糖の生産量を高め、一九二六年（昭和元）には年産一万トンを超えた。

南洋興発で働く移民の数も総勢五〇〇〇人を超え、実にその八割が沖縄県人で占められた。その後、テニアン、ロタにも製糖工場を新設するなど、南洋興発は飛躍的な発展を遂げる。三島合わせた砂糖の生産量は、一九三八年（昭和十三）の最盛時で約七万五〇〇〇トン、創業時の六〇倍という伸び具合である。

資本金も当初の三〇〇万円から四〇〇〇万円に膨れ上がり、傘下に十数社を擁するコンツェルンに成長。サイパン支庁管内（サイパン、テニアン、ロタ）の邦人総数約四万三〇〇〇人のうち、南洋興発の下で働く移住者家族は九八四五戸、約三万七〇〇〇人にものぼった。

＜米兵に護送される一般邦人＞
1944年（昭和19）6月、アメリカ兵に保護され、チャラン・カノアの収容所に移送されるサイパンの一般邦人（南洋群島協会提供）

赤字続きだった南洋庁の財政も、一九三一年（昭和六）度からは、一気に黒字に転じた。南洋庁の歳入の三分の二が南洋興発の納める税金だった。このため南洋庁の政策は、ほぼ南洋興発の意のままになった。

そして、松江春次は「支庁長よりも偉い人」から「天皇陛下の次に偉い人」となり、生きながらにして銅像が立つということになる。

この頃が、松江と南洋興発の絶頂の時だった。

ところが、その頃、軍国主義の空気がサイパンにも押し寄せていた。

一九三三年（昭和八）に国際連盟を脱退した日本は、その手を中国本土に向け始めていた。

松江の南洋興発は、こうした天皇制全体主義体制に、何の抵抗もなく、傾斜して行く。それどころか、松江自身、日本の国難は人口過剰から来るもので、この過剰人口の送り先に、南洋群島よりさらに南のニューギニアこそ適地であるとする

＜サイパン神社の今＞
米軍の猛烈な艦砲射撃に耐えたサイパン（彩帆）神社の石鳥居は、その後、米軍によって撤去された。頭部を失った灯籠と彩帆神社と彫られた石柱だけが往時を偲ばせる。最近になって木製の鳥居や祠も建立され、日本統治時代の神社が再現された＝96年4月22日、松本逸也撮影

＜日本病院跡＞
レンガ造りの立派なかつてのサイパン医院は、焼け焦げた姿でそのまま残っていた＝96年4月22日、松本逸也撮影

『蘭領ニューギニア買収案』を政府要人や軍関係者に送り付けるなど、政治の世界に積極的に加担して行く。

松江のこの買収案は、結局、身を結ぶことはなかったが、軍部と結託した南洋興発は、一九四一年（昭和十六）の太平洋戦争突入からは、グアム、ジャワ、マニラなど、日本軍の占領地に次々に進出、事業を拡大して行った。「北の満鉄・南の南興（南洋興発の略）」と呼ばれるようになるのは、この頃からである。

――そして、一九四四年（昭和十九）六月十五日を迎えることになる。

この日、島は夜明けから、猛烈な艦砲射撃と空爆のるつぼと化した。米軍の上陸敢行の日であった。

この日から全滅の七月七日まで、サイパンの邦人にとって地獄の長い日々が続く。兵士と一般邦人は、南から上陸した米軍兵士に追われ、北へ北へとジャングルをはい回る。そして、あの岬に追い詰められたのだ。

戦火が止んだ時、彩帆（サイパン）神社の鳥居と松江の銅像は、不思議なことに無傷だった。鳥居はその後、米軍によって破壊されたが、松江の銅像だけは生き残った。

＜ガラパンの今＞
かつて日本人街の中心だった北ガラパン２丁目通りは、戦後、大幅な道路整備でまったく昔の面影を失った。サトウキビを運んだ海岸沿いの南洋興発鉄道も、焼け残った民家も、すべて撤去され、今では、そこに広いロードビーチが走る。当時をわずかに遺すのは右端のガラパン教会鐘楼（写真では見えない）だけだ＝96年4月22日、松本逸也撮影

天皇制全体主義を信じ、軍部に協力した松江の銅像こそ破壊されたものと思っていたのに、これは意外だった。これについては、開拓精神を尊重するアメリカ人の、松江に対する畏敬の表れだったのではないかといわれている。

松江は一九五四年（昭和二十九）、東京で没している。享年七十八歳。法名は「顕光院殿春誉南洋興発大居士」であった。

いま、本土から空路三時間。あの玉砕の島サイパンは、新婚旅行のカップル、家族連れ、マリンスポーツを楽しむ日本の若者、韓国人、台湾人でにぎわっている。

島中に遺棄された旧日本軍の大砲も、記念撮影の際の格好の被写体となっている。

＜海底の自動小銃＞
海底15メートルに眠る日本軍の小銃。米軍の猛爆で沈没した日本の軍艦のすぐ脇で、
銃口をむなしく海面に向けていた＝96年4月22日、松本逸也撮影

5 玉砕の島サイパン悲史

マリアナ諸島年表

1521	フェルナンド／マゼランが諸島に上陸（3/6）／マゼラン、フィリピンのセブ島に上陸（4/7）／マゼラン、セブ島近くのマクタン島でラプラプ軍との交戦により戦死（4/27）
1565	レガスピの艦隊が上陸し、スペイン領有を宣言。スペイン皇后（当時）マリア・アンナの名をとってマリアナ諸島と命名。フィリピンも領有宣言《約100年間は平穏な時代》
1668	スペイン宣教師サンギトーレス上陸、強引な布教活動開始。スペインによる先住民チャモロ民族の虐殺が始まる
1670	メジナ神父殺される（サイパン島）／グアム島の伝道本部を2000人のチャモロ族が襲い40日間の戦闘に。チャモロ側に多数の死者
1672	宣教師サンギトーレス殺される（グアム島）／スペイン=チャモロの全面戦争に
1680	キガロ総督によるチャモロ大虐殺。2年間で4万から5000人に激減
1695	スペイン、マリアナ諸島の征服を完了
1698	諸島全島民をグアム島に収容、監視下に置く
1783	チャモロ族の人口1500人に
1884（明治17年）	マーシャル群島ラエ島で漂流日本人虐殺事件発生
1898（明治31年）	アメリカ・スペイン戦争でスペイン敗北。マリアナ、カロリン諸島とともにドイツに売却
1908（明治41年）	南洋貿易株式会社設立（6月）
1914（大正3年）	第1次世界大戦始まる（7/28）／日本海軍、南洋群島を無血占領。パラオ諸島コロール島に軍政（10月）
1918（大正7年）	テニアン島に100余人の日本人が居住（2月）／第1次大戦終わる（11/11）
1919（大正8年）	西村拓殖会社、サイパンで初の製糖業を操業開始（5月）／《ベルサイユ条約調印》南洋群島、ドイツから日本の国際連盟委任統治領に（6/28）／朝鮮人労働者をサイパンなどに強制連行（9月）
1921（大正10年）	松江春次（南洋興発の創始者）、サイパン初訪問／西村拓殖製糖中止／南洋興発株式会社創立（11月）
1922（大正11年）	サイパンに南洋庁（コロール）の支庁開設（4月）
1923（大正12年）	南洋興発サイパン製糖工場落成（3/10）／南洋興発のサトウキビ運搬専用鉄道北回り線開通（3月）／関東大震災（9/1）
1931（昭和6年）	彩帆（サイパン）神社、新社殿落成（10月）
1933（昭和8年）	サイパン実業学校開設（3月）／国際連盟脱退（10月）
1935（昭和10年）	国際連盟は日本に南洋委任統治継続を承認（1月）
1936（昭和11年）	国策会社・南洋拓殖株式会社設立（11月）
1937（昭和12年）	盧溝橋事件、日中戦争突入（7/7）
1938（昭和13年）	国家総動員法発令（4月）
1939（昭和14年）	サイパン在住の邦人数2万4000余人を記録。南洋群島では7万5000余人
1940（昭和15年）	サイパンなど群島各地で紀元2600年祝賀行事
1941（昭和16年）	太平洋戦争突入（12/8） 日本軍、グアム島占領、「大宮島」と改名（12/10）
1944（昭和19年）	米軍、サイパンに上陸（6/15）／サイパン日本軍全滅（7/7）／米軍、グアム島に上陸（7/21）／グアム、テニアン日本軍全滅（9/29）
1945（昭和20年）	エノラ・ゲイ、原爆を搭載してテニアン島を出発（8/6午前2時45分）。広島へ投下／敗戦（8/15）／サイパン、アメリカの国連信託統治領に
1978（昭和53年）	サイパン、ミクロネシア地域からの離脱を宣言
1981（昭和56年）	サイパン、住民投票でアメリカの自治領「北マリアナ連邦」に

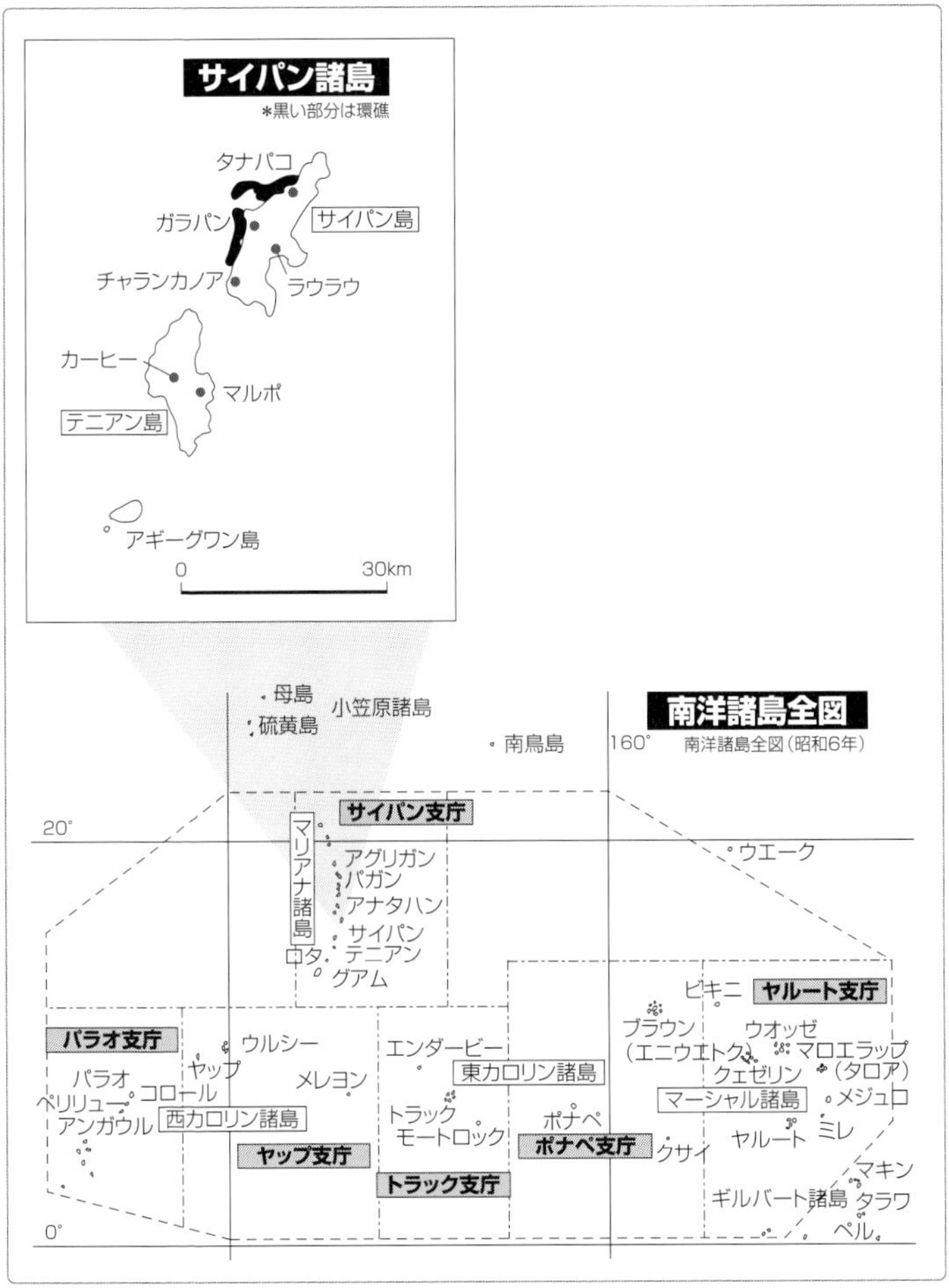
サイパン諸島
*黒い部分は環礁
タナパコ
ガラパン
サイパン島
チャランカノア
ラウラウ
カーヒー
マルポ
テニアン島
アギーグワン島
0
30km
南洋諸島全図
南洋諸島全図（昭和6年）
母島
硫黄島
小笠原諸島
南鳥島
160°
20°
0°
サイパン支庁
マリアナ諸島
アグリガン
パガン
アナタハン
サイパン
テニアン
ロタ
グアム
ウエーク
ビキニ
ヤルート支庁
ブラウン
（エニウエトク）
ウオッゼ
マロエラップ
（タロア）
クェゼリン
マーシャル諸島
メジュロ
ミレ
ヤルート
クサイ
マキン
ギルバート諸島
タラワ
ペル
パラオ支庁
パラオ
コロール
ペリリュー
アンガウル
ヤップ
ウルシー
メレヨン
西カロリン諸島
ヤップ支庁
エンダービー
東カロリン諸島
トラック
モートロック
トラック支庁
ポナペ
ポナペ支庁

「マライの虎」と「サヨンの鐘」

――英雄伝説はこうして作り出された

アジア、太平洋の戦況が風雲急を告げていた昭和十八年（一九四三）の夏、アジアを舞台にした二本の映画が相次いで封切られた。『マライの虎』（六月）、『サヨンの鐘』（七月）である。

元活動写真弁士で当時は漫談家として活躍していた徳川夢声も忙しい舞台の合間、東京・浅草六区にわざわざ『サヨンの鐘』を見に足を運んでいる（『夢声戦争日記』中公文庫）。夢声が『サヨンの鐘』を見た七日は、奇しくも日中戦争開始満六周年の記念すべき日だった。

この日、東京の空は朝のうちは曇っていて夏というのに肌寒かった。

「六年も戦争が続いて、味噌汁あり、漬物ありで、ちゃんと朝飯が食えるとは有難い」と夢声は記している。

しかし、連合艦隊司令長官・山本五十六大将の戦死、アッツ島守備隊の玉砕など、南方や北方の戦況は、次第に雲行きが怪しくなり出していた。そして、初めての学徒出陣が挙行されたのが、この年の暮れである。

こうした世情の中、「一億総火の玉」となって戦う戦意高揚を狙いとして、この二本の映画が製作されたものであることは言うまでもない。しかし、名も無い普通の人間が軍部によって〝愛国青年〟に祭り上げられ、庶民の最大の娯楽であった映画の主人公となって国民の間に広く浸透して行く過程はほとんど知られていない。

爆発的な人気を呼んだ二本の映画の伝説的主人公は、如何にして生まれたか。

《マライの虎》

第二次大戦中、マレー人三千人を率いて英軍とゲリラ戦を戦い、英軍からも仲間からもハリマオと呼ばれ恐れられた日本人青年を主人公に作られたのが映画『マライの虎』(古賀聖人監督)である。ハリマオとはマレー語で虎のことだ。

大映製作のこの映画は主役のハリマオに中田弘二、部下のハッサン役に当時十七歳だった小林桂樹が起用されている。

妹を敵に殺され、復讐の鬼となったハリマオが、ジャングルを縦横無尽に走り回り英軍兵士を悩ますというあらすじのこの映画は、十カ月にわたる現地ロケの末、昭和十八年六月に全国一斉に封切られ爆発的にヒットした。

以来、「大東亜の英雄」ハリマオは戦中、戦後を通じ映画、新聞、テレビから紙芝居、浪曲、レコード、漫画にとあらゆるメディアに乗って日本中を駆け巡って来た。

戦後は時代を反映してか、軍事美談のハリマオが一転して日本海軍からインドネシア・ジャワ島に派遣された情報将校が軍の命令に反逆してハリマオとなりジャワ独立運動に身を捧げ、現地民衆とともに闘うというテレビドラマ『怪傑ハリマオ』（日本テレビ系ネットで昭和三十五年から三十六年に放映）となって再登場したり、アクション小説に焼き直されたりして来た。

戦後半世紀を有に越えたというのに、いまだにハリマオは多くの人たちの中に根強く生き続けている。

が、映画では屈強なハリマオだが、モデルとされた実在の人物、谷豊は身長一五三センチと小柄で華奢な青年であった。それに部下三千人といわれていたが、後の証言から実際には数十人、シンパをいれても百人程度だったという。映画で活躍するほ

ハリマオと呼ばれていた故・谷豊さん。イスラム教徒の帽子ソンコーをかぶっている。マレーのクアラトレンガヌで撮影＝谷繁樹さん所蔵

どの戦功も挙げていない。それどころか超人的なはずのハリマオも日本軍がシンガポールを陥落させた直後の昭和十七年三月、シンガポールの病院で栄養失調とマラリヤ、肺結核がもとであえなくこの世を去っている。三十二歳であった。ことほど左様にハリマオの実像は、映画の中のハリマオ像とはおよそ掛け離れているのである。

それなのに、何故、スーパー・ヒーローの虚像が出来上がったのか。その謎を解くカギは、どうも映画『マライの虎』の完成が、谷豊の死が世間に公表されてからわずか一年二カ月後という異例の早さだったあたりにヒントが隠されているような気がしてならない。

ハリマオのモデルとなった谷豊の一家は、英領マレー半島東岸の港町クアラトレンガヌで理髪店とクリーニング店を構えていた。当時、この地には九州・島原の出身者を中心に日本人移民約三十人が、歯科医、薬局、雑貨

谷豊が育ったクアラトレンガヌの町並み。右端の白い二階建てビルが谷家の店舗兼住宅。理髪店のマークが見える＝昭和8年ごろ撮影、谷繁樹さん所蔵

屋などを営んでいた。福岡の農家の次男坊だった父・浦吉が、妻トミと一歳になったばかりの長男・豊を連れて当地に移住したのは明治四十五年のことである。その後、商売は繁盛し、昭和初期には白亜の二階建ての店を建てるまでになっていた。

そして、豊のその後の人生を大きく狂わせる出来事が起きた。父の急逝(昭和六年)と、その翌年十一月に起きた妹の惨殺事件だ。

昭和六年の満州事変以来、マレー半島の華僑の間にも排日の機運が高まっていた。そんな折り、華人暴徒の一人が谷家を襲い、風邪で寝ていた妹・静子(当時八歳)の首をはねるという事件が起きたのである。母と他の子供たちは隣家にいて難を逃れたが、この事件を期に家業も左前になり一家は結局、福岡に引き揚げている。

豊は、事件の日、徴兵検査のため福岡に戻っていた。妹の事件を故郷で聞かされた豊は

マレーの英国官憲に追われ、ハリマオがたびたび出没したマレーシア国境に近いタイ・ソンクラの海辺。静かな農村は、かつて日本軍が上陸した海岸でもある＝87年1月、松本逸也撮影

「敵を討っちゃる」とつぶやき、それから二年余後、単身マレーに向かったのである。

昭和十年の春のことだった。

その後、豊は、タイ・マレーシア国境のジャングルを拠点とする盗賊団に加わり、華僑の商店や銀行などを襲撃、何度も英国官憲に捕まっては脱走を繰り返していた。いつしか頭領となり、部下からハリマオと呼ばれるようになった。が、妹の敵を討つために、あえて盗賊団に入ったのかはいまだに謎だ。

ハリマオを世に出したのは、陸軍参謀本部や中野学校出身者らがつくった諜報組織「F（藤原）機関」である。同機関は開戦前夜の昭和十六年十月に設立され、日本軍の南方作戦に備え、タイ・マレー国境を中心に諜報活動をしていた。

バンコク在住の瀬戸正夫は、当時、南タイのソンクラー（シンゴラ）に住んでいて、医師だった父・久雄に連れられよく海に釣りに出掛けたものだった。ある日のことを彼は半生記『瀬戸正夫の人生』（東南アジア通信）の中で、こんな風に触れている。

「……ふと気がついて父を顧みると、父はまだ一匹も釣っていなかった。何だか変だなあと思ってよく見ると、父の釣糸には一メートルおきに目印がしてあって、針の所には大きな重りがひとつ結んであるだけであった。父はその重りを海の底まで沈め、海水の深さを計って、ノートに書き込んでいた」

昭和十五年の夏の日のことである。

これらのデータを元に翌年十二月八日、山下奉文中将率いるマレー攻略の第二五軍南方作戦部隊が南タイに上陸を敢行するのである。その父が、上陸と同時に白衣をかなぐり捨て軍服姿になって家を飛び出して行った。そして、数カ月後にはマラッカ駐在警察署長に変身していたというから驚きだ。

「父の正体を見せつけられた思いでした」と瀬戸は言う。

また、戦争が始まる前の話として瀬戸は半生記の中で、マレー国境でタイの警察に逮捕されたハリマオを父が警察署長と交渉して釈放させたことにも触れている。当時、ハリマオには英領マレーで二十万ドルの賞金がかけられていた。

その頃は、まだF機関は存在していない。

そんなハリマオを利用しろと、後にF機関の機関長だった藤原岩市少佐に助言したのは、実は、在バンコク日本大使館の駐在武官・田村浩大佐だった。「マレー語がペラペラで、土地に詳しく、自由に英領を歩ける日本人」ハリマオを使って、マレー人の反英・対日協力を醸成しようというのが、田村が長年、暖めていた〝マレー工作〟であった。タイ警察に逮捕されるたびに医師である瀬戸久雄にハリマオの面倒をみさせていた黒幕こそが、この田村であることはほぼ間違いない。

その後、藤原は田村の描いたシナリオに従ってハリマオに接触、彼の協力を得るのである。が、実際にはマレー育ちで国家意識の薄いハリマオによる〝マレー人工作〟は難しく、手柄といえば英軍が撤退時に爆破しようとしたベラク・ダムに潜入、火薬を取り除いてダムを無傷で確保したことぐらいだった。

ところが、実像と違って大きく偶像化される火付け役となったのがハリマオの死を伝える昭和十七年四月三日付の新聞各紙である。

この日の朝日新聞朝刊には、『武勲輝く〝マレーの虎〟』『侠児《きょうじ》散って〝靖国の神〟』の大見出しが躍り、「三千人の部下を使って北部英領マレーを股にかけ、英人や華僑から恐れられていたジャングルの熱血日本青年。軍事探偵としてついに昭南島（シンガポール）に若く散った軍事美談」として第

タイ・マレーシア国境では、タイ側から米、野菜などが、マレーシア側からは電気製品、宝石類が持ち込まれバザールが開かれ、人の往来は盛んだ。イスラム教国だけあって、スカーフをした女性が目立つ＝87年1月、松本逸也撮影

三面の半分を占めている。豊のサロン姿の写真も載っている。

この記事のソースは、連絡のため大本営を訪れたF機関の藤原だった。陥落後のシンガポール情勢を取材するために詰め掛けた多くの新聞記者を前に藤原が語ったものだ。

ハリマオの功績を殊更大袈裟に発表したのは、「戦意高揚の狙いと、英国に対する宣伝戦の側面もあった」とハリマオの臨終に立ち会ったという元機関員がずっと後になってある新聞に証言している。

また、その機関員はハリマオが実母に宛てて書いたとされる手紙も「自分が書いた」と証言。「字も十分に書けず、愛国心という概念も理解できなかった彼に筋書きをつくり、彼の口述のように仕立てた」というのである。

まったく驚くべき話だ。

そして、さらに驚くのは、先にも触れたように映画『マライの虎』が封切られるのは、この新聞発表からわずか一年二カ月後であったことだ。そのうち十カ月が現地ロケだったというから、新聞発表と同時に映画化も決定していたのではないかとさえ思えてくる。

ハリマオの死は、シンガポール陥落という日本軍にとっては絶頂の時だった。それだけに軍の発言力も強く、あらゆるマスコミを巻き込んでハリマオを虚像化し、国民の戦意高揚を図った。

その恐るべき力は、もはや誰にも止められるものではなかったようだ。それは、ハリマオの実像を後年になって証言した元機関員の次の言葉にも如実に表れている。

「まさに、あれよあれよという間にハリマオ像が定着してしまった」

虚像作りの発信源だった元機関員ですら、その勢いを止められなかったという世情こそが、今となっては不気味である。

『理蕃の友』に紹介されている教育所在学当時のサヨン・ハヨン、11歳

《サヨンの鐘》
高砂族と呼ばれた台湾原住民タイヤル族の娘を主人公にした『サヨンの鐘』（清水宏監督）は、昭和十八年七月、東京と台北で同時に上映された。台湾総督府

の肝入りで、満映と松竹の共同作品である。

　満映とは、昭和十二年（一九三七）八月、満州国の首都・新京（現在の長春）に設立された国策映画会社「満州映画協会」のことだ。〝五族協和〟による〝王道楽土〟を建設するため文化面から満州の植民地化を推進しようと生まれた映画会社である。それまでは満州が日本の植民地といっても使われている言葉は中国語であり、映画も上海で製作された中国映画であった。アメリカ映画も上映され、当時、満州を牛耳っていた日本最大の国策会社・満鉄（南満州鉄道）は、これでは政治的には独立していても文化的にはまずいと判断し、満州語による映画製作を考えたのである。ちなみに満映の理事長は、関東大震災の時、アナーキストの大杉栄、伊藤野枝らを虐殺した元憲兵大尉の甘粕正彦である。

『サヨンの鐘』は、その満映が出資して、『マライの虎』同様、あわただしく製作された国

出兵兵士を囲んで記念写真におさまる李香蘭（兵士から二人おいて左）。映画のロケが行われた台湾・霧社で＝台湾在住の下山操子さん所蔵

皇民化政策の象徴として台湾各地に鳥居が建設された。写真は霧社事件当時のままの姿を残す霧社神社＝93年9月、松本逸也撮影

策映画であった。

嵐吹きまく峰ふもと
流れ危ふき丸木橋
渡るは誰ぞ美はし乙女
紅き唇ああサヨン

以前、訪れた台湾中部の町・埔里《プーリー》の家で霧社事件の生き残りというオビンタダオ（日本名・高山初子）は、流暢な日本語でこの『サヨンの鐘』（西條八十作詞）を四番まで一気に歌った。戦前の台湾で大流行した哀愁の古賀メロディーである。現在では『月光小夜曲』という新しい歌詞で台北市内のカラオケでも歌われている。

霧社事件を教訓に生まれたという台湾総督府発行の機関誌に『理蕃《りばん》の友』がある。理蕃とは原住民に対する警察統治のことだ。その『理蕃の友』によれば、歌に映画に取り上げられたサヨン・ハヨンは、今の東海岸・南澳《なんおう》駅から三十キロほど登った標高千二百メートルのリヨヘン村に住んでいた十七歳のタイヤル族の少女とある。ところが、昭和十三年（一九三八）九月二十七日、暴風雨の中、蕃童教育所（注）の恩師だった日本人警察官・田北正記の出征を見送りに行き、丸木橋から足を踏み外して濁流に飲まれ、若き命を散らしてしまったという。

――映画になった『サヨンの鐘』の真相は、ただこれだけの話だ。

ところが、この話を昭和十六年（一九四一）二月になって知った、時の長谷川清・台湾総督は「愛国の至情、忠孝の心は我が帝国臣民として立派、高砂族青年の亀鏡」と〝愛国乙女サヨン〟を大袈裟に称え、家族に弔慰金を与え、村に鐘を贈った。転落した川のすぐ脇には記念の石碑も建てられた。合わせて総督府は、渡辺はま子が歌う『サヨンの鐘』を広め、満映の時の大スター、李香蘭を主演させて映画も作らせた。ロケ地は霧社の桜村（現春陽村）だった。

一連のこうした背景には、台湾総督府による、ある意図が潜んでいた。

日本は昭和六年（一九三一）の満州事変をきっかけに、国際連盟脱退、蘆溝橋事件、太平洋戦争勃発と戦争への道をひた走って来た。そして、日本の戦時体制とともに台湾は「動かざる航空母艦」として東南アジア進出の基地と化して来ていた。

ところが、フィリピンなど南方戦線の戦局は日に日に悪化、兵員も著しく消耗していた。〝皇民化政策〟とは、その兵員を補うための「忠良な陛下の赤子」にするのが目的であった。

昭和十四年（一九三九）の「国民精神総動員強化方策」や、翌年の建国皇紀二六〇〇年を期に植民地における同政策は一段と強化された。それにサヨンの台湾では、この年の一月、総督が今までの文官から武官の長谷川海軍大将に変わったことでさらに政策推進が強まっていた。日本語の強制、日本名への改名、神社参拝、青年団結成、内地観光など様々な方法で当時十六万人いたといわれる原住民を「皇民」に仕立て上げて行ったのである。

映画『サヨンの鐘』が世に出るきっかけは、このようにチャンスを見つけては台湾人を宣撫し、日本人化しようと思案していた長谷川総督を初めとする総督府の企てだった。皇民化政策を押し進めていた長谷川にとってみれば、前総督時代に起きたサヨンの転落死は皇民化政策のPRには格好のネタであったろう。そして、長谷川のツルの一声でサヨンは愛国少女に祭り上げられたのである。

長谷川は、昭和十六年（一九四一）五月、門司港でサヨンの美談についてたずねた新聞記者に対し、

「あの鐘は高砂族が部落民を呼び集めるために鳴らすものだが、鐘を贈ったところは一寸ロマンチックだね」

と自分のアイディアを満足げに語っている。

その効果は一九四二年四月、サヨンのタイヤル族を中心とする志願兵で組織された「高砂義勇隊」となって結実する。南方の山岳地帯でのゲリラ戦には、生活の延長ともいえる彼らの力が是が非でも必要だったのである。この時、高砂族と台湾人の志願兵は六千人を超えた。

その後、四四年九月からの徴兵を含め、二十万人を超す台湾人が日本兵として激戦の南方戦線に投入されている。

長谷川清総督がリヨヘン村に贈った「サヨンの鐘」。昭和16年9月27日のサヨンの命日には、この鐘をおさめる鐘楼が建立されている＝『理蕃の友』より

そして、台湾人日本兵の戦死者は三万余人を数え、戦傷者はこの数倍にも上った。戦死者は兵士七人に一人という高率であるが、その中でも壮絶を極めたのは半数の三千人を超す戦死者を出した「高砂義勇隊」ら志願兵であった。

映画は、台湾人を、いや原住民をおだてる為に製作されたことから、本土よりむしろ台湾全土を中心に上映された。

ところが、内容はお粗末なものであったようだ。

昭和十八年七月一日付の朝日新聞によれば、「古いゴム紐のやうに存分に伸び切った怪映画である。之という物語も何もない手習草紙のやうなもので、わざわざ台湾まで出張したのに、やたらに李香蘭の扮する蕃社の娘サヨンのお転婆振りと、相変わらずの旧套《きゅうとう》な演出による清水監督流の児童群がゾロゾロ登場するのみ。…屁のやうな挿話…、幽霊映画の出来損ひであらう。これをキザにロマンチシズムなどといふ勿れ」と凄まじい限りの酷評である。

愛国乙女とはやされた伝説の少女サヨンは、戦後、国民党政権下で日本協力者とみられ一転して売国奴となってしまった。そのため、サヨンが転落した川の近くに建てられていた石碑も何者かによって川に投げ捨てられていた。碑は、数年前に引き上げられたが、「愛国サヨン」の文字は削り取られていたという。長谷川総督が村に贈った鐘もどこかへ消えたままだ。

五年ほど前、同村でサヨンの姉チハン・ハヨン（当時七十六歳）に会った知人は、彼女から妙な話を聞いている。

『理蕃の友』には出征した恩師の警官が除隊後に村を訪ねたことになっているが、「あの巡査は一度も来ていない。それにサヨンはあの巡査を送って行ったのではなく、ただ買い物に出掛けただけなのに……」と言ったというのだ。だが、霧社に嫁いだサヨンの四歳下の妹ラワ・ハヨン（当時六十九歳）は、映画に登場する姉を実像だと信じ切っているようであったという。

姉の素っ気ない話ぶりや、その時の状況を考慮すると、多分、姉の方はサヨンの話に余りかかわりたくないのではないかと私は想像した。それは、日本統治下で銃後のヒロインともてはやされたことが戦後の国民党政権下ではかえって裏目に出て、実家を継いでいた姉が苦労したということを聞いたからだ。

真相は、果たして『理蕃の友』が伝えるように、サヨンは出征する巡査を本当に見送ったのか、姉の言うようにただの買い物だったのか。どちらにしても所詮、それだけの話である。

『理蕃の友』が蕃地の日本人警察官同士の交流誌という性格からみて、別段、ウソはないとは思うが、サヨンを語る記事に、人を伝説化する時の決まり文句の「素直」「純情」「利発」「模範青年」などが多く、いささか誇張が過ぎるきらいがある。

ともあれ、総督府はただ足を滑らせて転落死した十七歳の少女を愛国乙女と大袈裟に持ち上げ、皇民化政策に利用したことだけは間違いない。美辞麗句と美談で、あることないことを並べ立て、「日本人的教育教化に依って日本女性の徳性を充分に備へ得たものと言へやう」（『理蕃の友』）とサヨンを強引に皇民として遇し、美化したことが伝説を生む素地となったのである。

× × ×

九四年三月二十七日付の新聞に久しぶりにハリマオに関する記事が載った。ハリマオ・谷豊の人生を大きく変えた父と妹の墓が五十九年ぶりに豊の実弟・谷繁樹（六十八歳）らによって発見されたというニュースであった。クアラトレンガヌ市の日本人墓地跡の一部で見つかったものだが、墓標はなく墓の礎石と当時の墓の写真が一致したという。

しかし、死後、仲間たちによってイスラム教徒として葬られたといわれる豊の墓は一体どこにあるのかは分からない。

一方、台湾では国連先住民年だった九三年の暮れ、半世紀ぶりに映画『サヨンの鐘』が台北市内で公開された。ニュースを伝える中国時報は「日本帝国による原住民教化の暗い歴史の一コマ」と伝えていた。

（注）

蕃童教育所　日本統治下の台湾では、日本人児童の通う小学校、台湾人の公学校、山地原住民が住む蕃地の教育所と小学校が分かれていた。教育所の教師は、駐在の日本人警察官があたった。警察官は教育のみならず地域の全権力を掌握していたが、一部のふらちな警察官の行為が霧社事件を誘発した。

「脱亜」の群像 7

「魔都」上海に見た日本帝国主義の幻夢

――上海事変はいかにして起こったのか

上海の夏の暑さは天井知らずである。日中の日差しの強さといったら、焼き殺されそうなほどだ。それに町中はどこへ行っても建設ラッシュの埃にまみれている。が、ひとたび、陽が落ちると、黄浦江からの涼風が火照った肌をやさしくいたわってくれる。

上海の人口は今、千三百万人。中国最大の都市である。

戦前は三百数十万人。うち外国人は四十数カ国、十数万人。彼らはすべて百数十万もの中国人とともに租界と呼ばれた地域に住んでいた。中国人とは一線を画し、あらゆる人種・国籍の外国人が独立社会を形成、独自の生活を堅持していたのである。

英仏米日をはじめポルトガル、ドイツ、ロシア、ベトナム、アラビア、グルジア、エストニア、マレー、エジプト、それにナチスの迫害から逃げてきたユダヤ人……。

アメリカの高名なジャーナリスト、エドガー・スノーは、著書『極東戦線』の中で、その頃の上海

＜傀儡政権樹立＞
上海市新庁舎落成で顔をそろえた呉鉄城・上海市長と中国軍幹部。上海を制圧した日本軍は大上海建設のため、呉市長を日本の傀儡に仕立てた。当初は協力的だった呉市長は後に反日家になった（昭和10年10月11日、西山武彦さん提供）

をこう伝えている。

「上海では人種の融合が見られない。イギリス人はイギリス人のままであり、アメリカ人は一〇〇パーセント、アメリカ人である。パリやベルリンやニューヨークでは、外国人はその国の法にしたがっている。だが上海では外国人は自国の領事裁判権に服する以外は一切の法的規制を受けない。異民族の中に住んでいるのに、どの居留民社会も本国の何百の地方都市と同じような風にその特異性を保っている」

それは、スノーの鋭い観察にもあるように、当時の上海には、どのような人々でも自由に暮らせる〝隙間〟があったことを物語っている。つまり、国際都市・上海はニューヨークやパリと違って、そこに住む外国人たちは、「共棲」するが、「融合」しないという、いわば〝モザイク都市〟を構成していたのである。モザイクの主人公であ

＜上海神社＞
「磐手」「浅間」などの練習艦隊で上海に上陸した士官候補生たちは、そろって上海神社に参拝した（昭和8年12月16日、西山武彦さん提供）

る租界の外国人と、その隙間を埋める中国人たち。その生活レベルは天国と地獄ほどのコントラストをなしていた。

作家・村松梢風は、一九二三年（大正十二）、上海を旅し、紀行本の題を『魔都』とつけた。そこには怪しげな女・与太者・スパイといった様々な人間が登場する。

さて、上海に一般の日本人が姿を見せ始めたのは一八七一年（明治四）の日清修好条約の締結によって国交が開かれた後である。当時はまだ「十人乃至百人止まり」だったと史料にある。

本格的な進出は第一次世界大戦（一九一四年）がきっかけだ。日本にとってこの大戦は、後退を余儀なくされた西欧列強の穴を埋める、まさに好機到来だった。翌一五年には一万人を超え、各国を抜いて一躍トップに。そして、第一次上海事

＜上海神社と陸戦隊の行進＞
年始の閲兵式で行進する上海陸戦隊・特科隊。右上方に上海神社の全貌が見える。戦後、神社は取り壊され、現在は魯迅中学と軍の施設になっている。写真右の畑辺りには、今、米系の大型ファースト・フード店が立っている。陸戦隊本部屋上からの撮影（昭和9年1月4日、西山武彦さん提供）

変（一九三二年）、第二次上海事変（一九三七年）、太平洋戦争（一九四一年）と節目、節目に爆発的に増え、最盛時には十万人を超えた。共同租界の日本人街は、いつしか「日本租界」と呼ばれるようになり、そこには軍隊のみならず神社仏閣、日本の生活様式のすべてが持ち込まれていた。

——が、やがて日本軍による度重なる謀略事件によって、上海は混乱のルツボと化し、日中両国は泥沼の戦いに突き進んで行く。

その上海で日本軍は一体、何をしたのか。戦後半世紀。私は、黄浦江の旧バンド沿いに立つ和平飯店（旧サッスーン・ハウス）を根城に、連日、旧共同租界にあった日本人街・虹口地区を歩いた。

見るからに頑強そうな、その建物は当

上：＜日本海軍陸戦隊本部＞
東江湾路上ににらみを利かす陸戦隊兵舎。まさに要塞の名にふさわしい。写真は落成式の模様（昭和8年10月29日、西山武彦さん提供）
下：＜陸戦隊本部の今＞
かつての日本海軍陸戦隊本部ビルはそのまま残っていた。今、1階には銀行、高級ブティック、ステーキ屋が店を構えている。2階以上は人民解放軍の宿舎などに使われている。また、近くの神社とともに日本帝国の威厳を誇った同ビル周辺には、米系の大型ファースト・フード店やデパートが進出、平和な時代を物語っている（1996年8月4日、上海で、松本逸也撮影）

時のままの姿で残っていた。

戦前の地図を頼りに、和平飯店から呉淞路《ウースンリー》、四川北路《しせんほくろ》を経て、迷い迷ってたどり着いた時には、すでに陽もとっぷりと暮れていた。私は、手にした古い写真と目の前の建物を交互に見つめながら、その建物が間違いなく「旧日本海軍陸戦隊本部」であることを確信した。

おやっ、と思ったのは、四階建てのはずの陸戦隊本部が、五階建てになっていることだけだった。どうやら戦後になって、屋上に一階部分を増築したようである。それ以外、何ひとつ変わっていない。一階には銀行、高級ブティック、レストランが店をはり、屋上には派手なネオンがまたたいている。目と鼻の先にあった上海神社跡には、米系の大型ファースト・フード店がオープン。近くにはデパートもあって、現在は若者たちでにぎわう平和な街角である。ところが、目の前のベトン（コンクリート）の固まりだけは、場違いに、異常なまでに周囲を圧倒する。ビルの一角には人民解放軍の施設もあって内部の立ち入りは許されなかった。

上海・日本海軍陸戦隊本部――。この要塞のような、堅牢なビルが落成したのは一九三三年（昭和八）十月のことである。江湾路《こうわんろ》上にデンと建設された同本部ビ

＜防御＞
上海陸戦隊本部の屋上に籠って敵を迎え撃つ演習（昭和8年9月13日、西山武彦さん提供）

上：＜上海市長と海軍幹部＞練習艦隊で上海に上陸した松下司令官（中央）は呉鉄城・上海市長を訪問した（昭和8年12月19日、西山武彦さん提供）
中：＜上海丸＞要人を乗せた上海丸を出迎える在留邦人や軍幹部ら（昭和8年10月22日、西山武彦さん提供）
下＜旧西本願寺＞虹口地区に残る旧西本願寺上海別院。石造りで、壁面の彫刻はいかにも日本的なかわいい動物だ。現在は食料品のスーパーマーケットになっている（1996年8月7日、上海で、松本逸也撮影）

ル屋上には、いつも日の丸と海軍旗が翻っていた。そこは、武力を背景に上海に進出した軍国日本のまさに象徴であった。

ビル落成の前年、一月十八日。その事件は起こった。この日午後四時、托鉢寒行のため、共同租界にある工場街、楊樹浦《ヤンジュッポ》を回っていた日蓮宗日本山妙法寺の僧侶たち五人が、中国人に襲われ、一人が死亡、二人が重傷を負った。暴行事件を機に、右翼の結社である日本青年同志会がすぐ行動を起こす。彼らは事件の翌日、抗日運動の拠点として知られていた中国人資本のタオル製造会社、三友実業社に押しかけ、犯人の引き渡しを求め、火を放ち、暴れまくった。

この事件が第一次上海事変に拡大するのである。ところが、戦後、極東軍事裁判の席上、この血なまぐさい事件が、実は関東軍参謀大佐・板垣征四郎の意向を受けた日本軍特務が仕組んだ謀略であったことが判明する。首謀者は、証言台に立った田中隆吉・陸軍少佐（当時、上海駐在公使館付武官補佐官。のち陸軍少将、兵務局長）、その人であった。

　証言によれば、それは四カ月ほど前に起きた満州事変によって、世界の耳目が中国東北地方一点に注がれるのを牽制するために関東軍が田中を使って、起こしたものだった。事件の軍資金は関東軍や日本の紡績会社からも出ていた。また、〝東洋のマタハリ〟川島芳子も、この事件に一枚加わっていた。

　二十一日、日本側は、ただちに犯人の逮捕・処罰、抗日会の即時解散を呉鉄城・上海市長に要求。これと平行して日本政府は、上海への派兵を決定。海軍は呉と佐世保からただちに特別陸戦隊を急派した。

　一方、上海の防備にあたっていた中国軍は第十九路軍である。国

上：＜市街戦＞
日中両軍が衝突した第１次上海事変。四川北路のオデオン座付近は砲弾で火の海と化した。市街を慌ただしく走り回る日本軍の側車と豆タンク（昭和７年２月、矢野世津子さん提供）
下：＜市街戦64年後＞
日中両軍が市街戦を繰り広げた四川北路、旧オデオン座付近の今。焼けた旧オデオン座は今も映画館である。この周辺には数多くの日本人が住んでいた（1996年８月７日、上海で、松本逸也撮影）

民革命軍の中でも最強の「鉄軍」と呼ばれ、抗日意識の高い精兵だ。主戦場となる四川北路にはあちこちに塹壕が掘られ、陣地がつくられた。

日中両軍の衝突はもはや時間の問題だった。二十六日午後三時、呉市長より日本側の要求を全面的にのむとの回答が届く。が、日本側はこれを無視。午後四時、租界に戒厳令をしき、司令官・塩沢少将は、陸戦隊に出動命令を下す。戦闘の火ぶたがきられたのは二十八日深夜であった。

海軍陸戦隊の兵力は千八百三十三。これに対し、第十九路軍は三万三千五百を擁した。ところが、日本海軍首脳部は「陸軍は満州で大いに働いており、今度は南で海軍の番なり」と意気込むだけで、戦局には極めて楽観的であった。当然、陸戦隊は苦戦した。戦いは空中戦や艦砲射撃をまじえた激しい市街戦となった。二月に入り、日本政府は陸軍三個師団を動員、やっとのことで第十九路軍の堅塁を落とし、三月三日、停戦にこぎつける。その間、日本側に死者七百六十九人、負傷者二千三百二十二人を出している(『魔都上海』NHK取材班/角川文庫)。

中国側の被害も甚大だった。死者六千八十人、負傷者二千人、行方不明者一万四百人。上海の八割の労働者が失業、家を焼かれ、避難民は百二十万人にも達した。被害総額は約十五億元に上った(『上海史』東方書店)。


この事変の最中、後に〝爆弾三勇士〟として軍国美談に取り上げられるハプニングが起った。ところが、この美談も戦後になってやはり創作であったことが判明する。

ハプニングというのはこうだ。

二月二十二日未明、市街地奪還をねらって中国軍は上海北方に陣をはった。高さ三メートル、奥行

＜武装兵士たちの食事風景＞
上海事変1年後の上海駐屯の日本兵たち（昭和8年1月26日、西山武彦さん提供）

き四メートルの鉄条網に取り囲まれた中国軍・廟行鎮《びょうこうちん》の守りは固かった。日本軍は鉄条網の突破作戦に三人一組の決死隊を編成。長さ三メートルの竹筒に二十キロの爆薬を詰め、導火線に火をつけ、抱えて走り、鉄条網に突っ込んで帰るというものだ。ところが、作戦の最中、その一組、久留米工兵隊の江下武二、北川丞、作江伊之助一等兵の三人が突っ込み、爆発とともに自らも吹っ飛び戦死した。

新聞各紙は「帝国万歳を叫んで吾身は木葉微塵」「忠烈まさに粉骨砕身」「肉弾で鉄条網を撃破」と大きく報道。映画各社も「三勇士」のタイトルに「肉弾」「忠烈」「軍神」「爆弾」などの形容詞をつけて、この年だけでも五本も上映した。歌舞伎、芝居でも上演され、十年後には教科書にまで登場した。

しかし、この「三勇士」についても上海事変の火つけ役だった田中隆吉は、一九六五年（昭和四十）、テレビのインタビューでこう語っている。

「あれは事故です。上官の過ちです。彼らは爆破して帰るつもりだったんです。命令した上官がですなぁ、導火線を一メートルにしておけば、鉄条網を爆破して帰れたんです。

それを誤って五十センチ、半分にしてしまった。当時、陸軍大臣の荒木（貞夫）さんが爆弾三勇士の名前を作ったんです」（一九八九年十一月二日付朝日新聞夕刊三面『空白への挑戦』）。

今思えば、さもありなん、である。

当時の日本は狂っていた。

ともあれ、田中隆吉と川島芳子が中国人を買収し、満州国建国のために、抗日運動の中心地・上海に険悪な情勢を作り出すという謀略は、この時点では一応成功した。

これを機に陸戦隊は邦人保護と日本の国益を守る為と称して、四川北路と江湾路にはさまれた一角に巨大な本部ビルを構築。屋上の角々には銃座が置かれ、ビルの内庭には非常時にはかなりの邦人が避難できるほどの広いスペースがつくられた。ひたすら無駄を省いた無味乾燥なこのビルは、バンド（外灘）に競う欧州列強の芸術的なアールデコ（art déco）建築とは対局をなす。まさに要塞の一語に尽きる。

この陸戦隊本部を後ろ盾に、上海の日本人はますます増え続けて行く。だが、日本人の生活は、フランス租界や共同租界の他の列強の人たちとは大きな違いがあったようである。建築を通して半植民地都市・上海の歴史を分析した好著『上海』（藤原恵洋著／講談社現代新書）は、その違いをこう分析している。

「……たしかに虹口は、日本人街のゲットーのような様子を生み出した。残された建築を見ていく限り、共同租界やフランス租界と同じ世界を考えることはできない。豊かに満ち溢れた資本によってきらびやかな街を目指したわけではない。あくまでかりそめの街として、常に境界をあいまいなままに生きた街であった。だからこそ街は匿名的な空間を広げ、精神の隠者たちをひそかに包容することができたのだろう」

確かに、虹口の日本人街は、正規な租界ではなく越界道路に端を発し、事後承諾のような形で広がったものだ。そして、この頃の上海の日本人の生活は、まだかりそめの状態でしかなかった。それは、言い換えれば軍事力を背景に、及び腰で恐る恐る「他人の土地」に土足で踏み込んで行った当時の日本人たちの貧しい精神の一端ではなかったか。

――私は滞在中、毎日のように旧陸戦隊本部ビル周辺を徘徊した。ある時、ビル近くの小さな公園で夕涼みをしてくつろぐ老人に陸戦隊本部の古い写真を見せながら筆談した。「七十歳以上」と年齢を曖昧なまま、名前も明かさぬ老人

<英公使の帰国>
帰国にあたり儀仗閲兵するランプソン英公使（シルクハットの人物）。税関付近のバンドで（昭和8年12月12日、西山武彦さん提供）

<上海バンド>
左奥に見える時計台は税関の建物だが、後年には高層ビルになった。右端の建物はパレスホテル＝現在の和平飯店（大正４年６月６日、土岐純子さん提供）

は、当然だが日本軍と戦った一人だった。「あそこにいた奴らは悪かった。何故って?そりゃあ、侵略軍だもの」。彼が、私のノートに走り書きした短い漢字を要約すれば、ざっとこんな風である。短い筆談だったが気がつくと、いつの間にか私の回りに十数人の人だかりができていた。

彼らの目は、笑っていなかった。

さて、前出の著書『上海』に「精神の隠者」という言葉が登場するが、「魔都」と並んでこの言葉も上海のイメージにピッタリ合う。

蒋介石の重慶側特務工作隊「藍衣社」や「C・C団」「三民主義青年団」。その中国側工作隊と死闘を繰り返した日本の特務「土肥原機関」（通称76号）や「日本浪人」、お尋ね者……。その他、一九二一年（大正十）、当地で旗揚げした中国共産党の動向をめぐって日本や欧米のスパイが暗躍した。

事変直後、帰国した朝日新聞上海特派員・尾

<バンドの今>
黄浦江の河沿いは幅広い頑強なコンクリートの岸壁広場になった。うだるような暑さの夏には毎夕、その護岸の上を上海市民は家族そろって涼みに出る。後方の時計台のビルは、1927年（昭和2）に建てられた上海海関＝旧江海税関ビル（1996年8月3日、上海で、松本逸也撮影）

崎秀実が、その後の人生を大きく変えてしまうことになる、あの男との宿命的な出会いをしたのも、この猥雑で謀略渦巻く街・上海だった。

あの男とはご存じ、リヒャルト・ゾルゲ。後に「ゾルゲ事件」として知られることになる、世紀の大スパイ事件の中心人物である。尾崎は一九四四年（昭和十九）十一月、スパイ罪としてゾルゲとともに処刑されている。コミンテルン（注1）から送り込まれたモスクワのスパイ、ゾルゲと尾崎のふたりを結んだのは、外ならぬアグネス・スメドレー女史（注2）であった（『ゾルゲ事件』尾崎秀樹／中公文庫）。

日本の軍事侵攻に批判的であった尾崎は、スメドレー、ゾルゲ、中国人作家・魯迅や魯迅のよき理解者であった内山完造らとも親密な関係にあった。こうした共産主義者たちにとっても上海は、絶好の隠れ家だった。日本国内が日増しに軍国主義、全体主義化して行く中にあっても、当時の上海には何者であっても隠れ住む隙間があったのである。

話をもう一度、上海事変に戻したい。

表面上は成功したかにみえた第一次上海事変だが、これを契機に、中国の抗日意識や列強の対日警戒心は一挙に増す。事変勃発の翌日、中国は国際連盟に紛争の解決を提訴。これに対し日本は、上海に居留する邦人の生命・財産と権益を保護するための自衛権の行使に過ぎない、侵略ではないとの見解を発表。しかし、国際連盟理事会は、日本の見解をまったく認めなかった。日本は、こうして世界から孤立の道を歩みはじめたのである。

中国側の抵抗は根強く、日本商品のボイコットが組織的に行われた。一九三〇年（昭和五）には輸入総額の二十九パーセントを占めていたのが、満州事変、第一次上海事変後には、何と三パーセントを下回るという激減ぶりであった。日本資本による紡績関係の工場では連日のようにストライキが決行され、操業が停止。邦人たちの身にも危険が迫って来た。一時引き揚げを勧告する日本政府に対し、上海日本商工会議所は幣原喜重郎外相（当時）宛に強い調子の抗議電報を打っている。

「……多年努力ノ結晶タル我経済上ノ基礎ヲ破壊スル結果トナルベシ。……万一ノ場合ハ我自衛権ノ発動ニ対シ言議ノ余地ナカラシムル様、充分釘ヲ打チ置クコト絶対ニ必要ナリト認ム」

村松梢風も、上海事変のルポを書き、誌上で「彼の人々を見殺しにするのか」とその独善的・排外主義的な論陣をはって、時の政府に檄を飛ばす。新聞、雑誌も「そうだ、そうだ」とばかりそれに続く。

こうして上海事変を機に、国民一丸となって、奈落の底に落ちて行ったのだ。

最後に一言、触れておきたいことがある。イギリスが中国大陸でやったことをそのまま真似て、日本もまた大陸でアヘンに手を染めていたことだ。幻といわれたアヘン資料をもとに著した『日中アヘン戦争』（江口圭一著／岩波新書）は、「この毒化政策が出先の軍や機関のものではなく……、日本国家そのものによって……遂行されたという事実である」と衝撃的な結論を下している。

そして、満州、朝鮮で生産された大量のアヘンの最大の消費地こそ上海だった。

「邦人保護を目的に自衛隊機を！」。半世紀後の今も事あるごとに、こうした見出しが新聞紙上に躍る。ＰＫＯ（国連の平和維持活動）による難民救済を口実にしたり、その他、チャンスをとらえては、亡霊のようなこうした議論が飛び出す。ついには二〇〇四年二月、武装自衛官が戦後復興の手助けと称してイラクへ派兵された。政府は派兵ではない平和維持の為の派遣だと言うが詭弁といわざるを得ない。また、戦争を抑止するには核ではなく、環境問題、ＮＧＯ（非政府組織）などを通じた「人間の安全保障」を、という言葉が近年、声高に叫ばれている。さらには、投資こそ戦争抑止と唱える人もいる。核による脅迫ではなく、資本を人質にというのがその論拠だ。

戦前は東洋のパリといわれた上海。一九四九年（昭和二十四）の人民解放軍による解放後も共産主義経済の停滞、文化大革命などによる波乱の、いつも中心地であった。その上海に、経済解放政策による海外から投資という血液が循環しはじめた。そこには勿論、日本の投資も含まれている。

二十一世紀には、日本は上海で何を創造して行くのか。

――（注1）正式名称は共産主義インターナショナル。第三インターナショナルともいい、コミンテルの略称がよく用いられた。ロシア革命を成功させたレーニンによって一九一九年三月、モスクワで開かれた国際共産主義者会議で創立宣言された労働運動の国際組織。

――（注2）米人ジャーナリスト。中国・人民解放軍、朱徳将軍の生涯を描いた『偉大なる道』（岩波文庫）の著者。

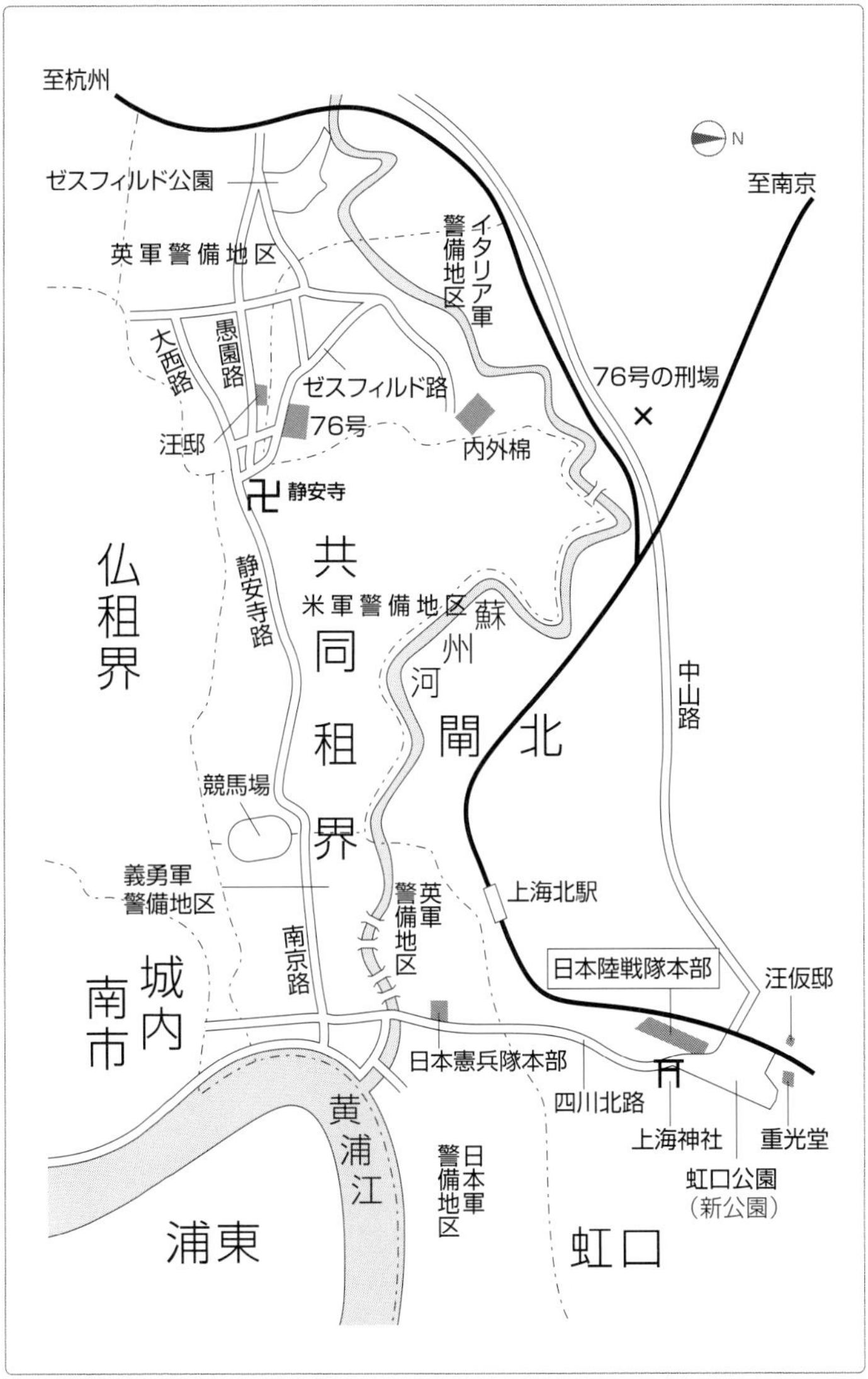
至杭州
至南京
N
ゼスフィルド公園
英軍警備地区
イタリア軍警備地区
大西路
愚園路
ゼスフィルド路
76号の刑場
汪邸
76号
内外棉
静安寺
仏租界
静安寺路
共同租界
米軍警備地区
蘇州河
閘北
中山路
競馬場
義勇軍警備地区
英軍警備地区
上海北駅
南京路
城内
南市
日本陸戦隊本部
汪仮邸
日本憲兵隊本部
四川北路
上海神社
重光堂
黄浦江
日本軍警備地区
虹口公園
（新公園）
浦東
虹口

7 『魔都』上海に見た日本帝国主義の幻夢

日本・上海の関連年表

618〜907(唐代)	呉淞江(ウースンジアン)の滬瀆(コトク、「滬」は上海の別名)一帯、貿易港として栄える
1127〜1279(南宋)	呉淞江の支流、上海浦に港を移転
1553	海賊侵入防止のため上海に城壁を設置
1756	英・東インド会社員ピゴー、英政府に上海取得を建議
1832	英・東インド会社員リンゼイ、ドイツ人宣教師ギュツラフら調査のため上海に上陸
1839	仏・天主教会、上海初の教会学校を創立
1840	アヘン戦争始まる
1842	アヘン戦争終結で南京条約。上海開港
1843	ジャーディン・マセソン商会上海支店開設
1845	イギリス租界設置(11月)
1848	アメリカ租界設置
1849	フランス租界設置
1850	英海運会社・ロンドン－上海間定期航路運航開始(2月)
1851	太平天国の乱
1860	英仏軍の北京占領(10月)
1862	長州藩・高杉晋作ら千歳丸で上海訪問
1863	イギリス、アメリカ両租界が合併、「共同租界」となる
1867	米海運会社・上海－サンフランシスコ間航路運航(10月)
1869(明治2年)	租界の事務処理機関として「工部局」を設置
1870(明治3年)	米海運会社による上海－長崎－横浜の航路運航
1871(明治4年)	日清修好条約締結
1875(明治8年)	浄土真宗東本願寺上海別院を開く／三菱商会、上海に支店を開設
1877(明治10年)	三井洋行、上海に支店開設
1878(明治11年)	長崎に清朝政府の領事館開設
1881(明治14年)	上海在住邦人60人余
1887(明治20年)	上海在住邦人250人余
1889(明治22年)	共同・フランス租界、最終的な領域を決める「土地章程」が確定
1890(明治23年)	日清貿易商会(荒尾精)、上海に創設(9月)
1894(明治27年)	日清戦争始まる(〜95年)
1895(明治28年)	三国干渉(4月)／日本、共同租界に進出
1899(明治32年)	義和団の乱(3月)
1901(明治34年)	東亜同文書院創設
1904(明治37年)	日露戦争始まる(〜5年)
1907(明治40年)	上海在住邦人4400人／日本尋常高等小学校創設(11月)／上海日本人居留民団設立
1908(明治41年)	上海初の無線電報機設置
1911(明治44年)	辛亥革命(10/10)
1912(明治45年)	上海城壁の取り壊し始まる 中華民国臨時政府成立、孫文臨時大統領に就任(1/1)
1914(大正3年)	第1次世界大戦始まる(〜18年)／青島攻略(11/7)
1915(大正4年)	上海在住邦人1万人を超え、各国を抜いてトップに(1930年には2万人に達する)／中国政府に対華21カ条要求(1/18)／第2回極東運動会、上海で開催(5月)
1917(大正6年)	内山書店上海に開業
1920(大正9年)	上海日本高等女学校創立
1921(大正10年)	中国共産党、上海で結成(7月)
1923(大正12年)	日本郵船、長崎－上海間に定期航路
1925(大正14年)	上海の紡績工場でスト続発。反日運動に発展、死傷者出る(5・30事件)

1927(昭和2年)	蒋介石、南京国民政府樹立(4月)/上海特別市政府成立(7月)
1928(昭和3年)	張作霖爆殺事件(6/4)
1930(昭和5年)	上海特別市を上海市に改称
1931(昭和6年)	満州事変(9/18)
1932(昭和7年)	上海在住邦人2万6270人〈年々、増加傾向。最盛時10万人に〉/天皇暗殺未遂事件〈桜田門事件〉(1/8)/日本山妙法寺の僧ら襲撃さる。後に関東群の謀略と判明/第1次上海事変(1/28)、日本側死傷者3000人に/上海総攻撃開始(2/20)/リットン調査団来日(2/29)/満州国建国(3/1)/リットン調査団上海入り(3/14~26)/上海天長節〈天皇誕生日〉式場で白川軍司令官、重光公使ら投弾され負傷(4/29)/上海日中停戦協定調印(5/5)/5・15事件で犬養首相射殺
1933(昭和8年)	国際連盟脱退(3/27)/上海神社建立(10月)/上海市新庁舎落成で呉鉄城・上海市長が日本軍を閲兵(10/11)/日本海軍特別陸戦隊本部、上海・江湾路に落成(10/29)/上海駐在英国公使ラムプソン、上海を離れる(12/12)/日本海軍軍艦船「磐手」(旗艦・松下中将)「浅間」上海に入港(12/19)
1936(昭和11年)	2・26事件/魯迅、上海で死去(10月)
1937(昭和12年)	盧溝橋事件、日中戦争に(7/7)/上海で日本海軍中尉射殺さる(8/9)/上海で日中両軍交戦開始〈第2次上海事変〉(8/13)/日本軍杭州湾に上陸(11/5)/日本軍南京占領、大虐殺を起こす(12/13)
1941(昭和16年)	太平洋戦争始まる(12/18)/日本軍、香港全島を占領(12/25)
1946(昭和21年)	日本敗戦(8/15)
1949(昭和24年)	中華人民共和国成立。上海解放(5月)

「脱亜」の群像 8

〝美貌と才気〟その明と暗の生涯

――「東洋のマタハリ」川島芳子の満州帝国

四月の週末、私は、松本市蟻ケ沢の正麟寺にある川島家の墓に参った。桜が満開だった。寺の左の小高い丘を登り切った所にその大きな墓碑は建っていた。辺りは直径七、八十センチもする松や杉の木立だった。八手の葉っぱが、墓碑を覆うように雨上がりの強い日差しを遮っていた。

墓碑は、昭和三十二年に川島浪速後援会によって建立されたものだった。碑の中央には大きく「国士川島浪速墓」とあり、向かって右に「同夫人福子」、左に「同女芳子」と刻まれていた。碑の裏には三人の戒名と命日がそれぞれ刻まれていた。芳子は「芳雲院龍種東珍大姉」である。ところが、命日の「昭和二十三年三月二十五日」の下にオヤッと思う二文字が目に入った。そこに「推定四十二歳」と刻まれていたからである。

その疑問は川島芳子という女探の、数奇な生涯に秘められていた――。

<川島芳子>
清朝粛親王の王女で日本人の養女となった川島芳子（右）は、満州国建設に協力し謀略活動に生きた。「男装の麗人」と呼ばれたが、半ズボンからのぞいた脚は間違いなく女性だ。昭和初期、東京の知人を訪ねた時の写真と思われる（河本清子さん提供）

会社の先輩から、河本大作の秘蔵アルバムの存在を知ったのは一九八七年二月末のことだった。

河本大作――。

関東軍高級参謀で張作霖爆殺事件の首謀者として知られる「あの」河本大作・大佐である。アルバムの持ち主は、大作の三女清子さん。聖心女子学院の元講師で修道女である。私は先輩に連れられ、彼女が現在も住んでいる東京都港区の同学院内にある修道院で、まるで歴史の扉を開くような気持ちでアルバムの一枚一枚に食い入るように視線をはわせた。

日露戦争から満州での生活まで、軍人としての半生が、その五冊のアルバムにすべて収められていたように記憶している。そして、膨大な量の写真に目を通しているうち、〃その

＜軍服姿の川島芳子＞
満州国の首都・新京（現・長春）と天皇陛下の住む宮城のある東京に向かって最敬礼をする軍服姿の川島芳子。日満両国の懸け橋になるんだと叫んだ彼女らしい一コマである。場所不明。昭和8年ごろか？（河本清子さん提供）

写真〟に出会った。

私は、思わず釘付けになった。

軍服姿の、か弱き〝男性〟が背筋をピンと伸ばし、自分の背と背をそれぞれ合わせて最敬礼している二枚組の写真である。清子によれば、一枚は日本の東京に、他の一枚は満州国の首都・新京（現在の長春）に向かって敬礼しているのだという。

この人物こそが、〝男装の麗人〟と呼ばれた川島芳子であった。

清朝の王族粛親王家に生まれ、満蒙独立を図る日本人志士・川島浪速の養女となり、昭和初期、日本軍部とかかわり日中両国民の間で、様々な憶測を生んだ女性である。広い満州を舞台に天性の美貌と才気を武器にした彼女を、人々は〝東洋のマタハリ〟（注1）と呼んだ。

満州とは、中国東北地方の黒竜江、吉林、遼寧三省の俗称である。四千年の歴代王朝が都を構えた中原（注2）から見て、長城の東端、山海関の北に位置するため「東北」と呼ばれて来た。面積約八十万平方キロ。日本の国土の約二倍の地域に現在、一億ほどの人たちが住んでいる。

その「満州」という言葉には様々な響きが含まれている。果てしない荒野、赤い夕日に映し出された馬賊と拳銃、凍てつく松花江（スンガリー）、アカシアの大連、疾走する満鉄（注3）の超特急「あじあ」号……。この豊かなイメージは幼少を良き時代の満州で過ごしたことのある六十代以上の人たちには共通したものだが、一方、敗戦の引き揚げ時に両親に置き去りにされた中国残留孤児たちにとっては、辛く、貧しい激寒の地であるのも現実だ。

王道楽土・五族共和を目指し、日本軍部が作り上げた傀儡（かいらい）国家「満州」。寿命、十三年余。あの時代、そこに多くの者たちが夢を見た。

常軌を逸した自由奔放さで話題をまいた川島芳子も、その一人である。ところが、実像と虚像が入り交じった彼女の人生は意外なほど知られていない。

川島芳子と、彼女が駆け抜けた満州とは一体、何だったのか。

＜中国服姿で＞
中国服に身を包んだ川島芳子。昭和7、8年ごろか？（河本清子さん提供）

川島芳子は、本名を愛親覚羅顕玗《あいしんかくらけんし》、

別名を金壁輝《きんへきき》という。一九〇六年（明治三十九）の生まれというから丙午（ひのえうま）だ。元々、清朝末期の王族、粛親王の十四王女だから、れっきとした満州族系の中国人である。それが粛親王と仲の良かった川島浪速の養女として引き取られたから日本人でもある訳だ。

その芳子が五歳の時、歴史が大きく動いた。一九一一年（明治四十四）、辛亥革命が勃発。翌年、三百年間続いた清朝が廃止になり宣統帝溥儀が退位した。粛親王家は代々、清朝の摂政を世襲して来た。芳子の実父はその十代目である。

自分の代で清朝が滅びるという、衝撃的な出来事を四十六歳の粛親王は複雑な気持ちで受け止めるのだった。しかし、その裏では一日も早く北京を脱出し、父祖の地に満州族の独立国家を建設するという密かな野望を抱いていた。北京脱出、旅順亡命の折りにしたためたという自作の詩がその決意のほどを示している。

みはるかす中国の本土はわれわれの故国ではない／満蒙の地に帰りきたって馬首をめぐらせば／中原はすでに落ち、皇天は真紅に照りかがやいている

日清戦争の大敗以来、清国への列強の侵略は一層激しさを増していた。ドイツが青島（チンタオ）から山東省、イギリスは威海衛、フランスは広州湾を手中におさめ、さらに雲南にもその勢力を伸ばしていた。日露戦争で敗れたとはいえ、ロシアも満州には未練たっぷりであった。

こうした列強からアジアを解放しようという大アジア主義を唱える日本の民族主義者がいた。孫文の中国革命を支援した頭山満、宮崎滔天、北一輝らである。しかし、理想郷を夢見た大アジア主義は徐々に変節して行く。日本の民族主義者たちは政府の行動と歩調を合わせ、まさに表裏一体となって、アジア解放より日本によるアジア支配を重視するようになるのである。その表れが川島浪速の次の言

上：<大平原に立つ関東軍の幹部>
旅順郊外の大平原に立った関東軍の幹部兵士。前で座っているのが河本大作・高級参謀。大正後期か？（河本清子さん提供）
下：<関東軍の参謀たち>
昭和初期まで旅順にあった関東軍司令部の参謀室。左端が河本大作・高級参謀（大佐）。数々の決定がここでなされていた。大正後期か昭和初期に撮影されたものらしい（河本清子さん提供）

右：<テニス>
関東軍のテニス大会で隣り合った河本大作（中央）と板垣征四郎・大佐（その左）。張作霖爆殺事件の前年、昭和2年、旅順の軍司令部内で写された時のもの。板垣は、同事件の首謀者として転出することになる河本の後任となる人物である（河本清子さん提供）
左：<暗殺直前の張作霖>
1928年（昭和3）。握手をする張作霖（左）。右の日本軍人は、元帥・閑院宮載仁親王と思われる。どこかの駅頭で撮ったものと思われる（藤井福太郎さん所蔵）

葉となって出ている。

「将来、ロシアは機をみて必ず満州に進出して来る。いったんその地方がロシアの手に帰すると、日本の存立は危機に瀕する。われわれが最も注目し、警戒すべきは東北地方である」

満州に蒙古を加えた東北地方を重視する川島のこうした見解と、清朝滅亡後、東北三省を分離独立させようと企てる粛親王との思惑がここで一致するのだった。

川島は陸軍軍人の一部と大陸派浪人と称する民間人を使って、粛親王の北京脱出を助ける。その後も資金援助などを通じ、緊密な関係を深めることで徐々に粛親王の信を得て行くのである。そして、義兄弟の契りの証しとして、芳子を養女として迎えることになった。「この娘に満蒙独立の意志を継がせるのだ。それには男子のように教育しよう」。二人の父は勝ち気な娘を前に、意気投合するのだった。一九一二年（明治四十五）のことである。

芳子は満蒙独立の夢を追う二人の男のまさに可愛い玩具だった。

海を渡った芳子は、その後、東京・豊島師範学校付属小学校を卒業し、跡見高女に進学するが、一九二一年（大正十）春、川島家が義父の故郷、長野県松本市に引っ越したため松本高女に転校している。芳子も十五歳に成長していた。

古武士的な豪傑肌の養父の、芳子に対する教育は厳格だった。実父との約束もあった。芳子が女のような仕草をすると、途端に不機

嫌になり、馬に乗ったり、剣道をしたり、鉄砲をうったりして、男の子のような真似をすれば上機嫌だった。「女だてらに学校に堂々と馬で乗りつけたジャジャ馬」として、松本では当時の芳子の行動が伝説化され、今でも言い伝えられている。

一九二二年（大正十一）、旅順で実父の粛親王が死去する。この頃から、養父の芳子に対する対応に微妙な変化が生じる。これは芳子の死後、兄、憲立が関係者に語っている ことだ。「川島浪速は、日本と中国を結び付けた功

＜日本人町＞
昭和初期、旅順の旧市街。日本人はかたまって住み、日本語の看板が並び、日本の軍人が行き交った。都市では外地にいる感じはほとんどしなかったという（河本清子さん提供）

労者である。だが、粛親王家の財産を潰した上、しかも義理の娘となった芳子に手をつけようとした卑劣漢である」

芳子がそれまでの長い髪をバッサリ切って、なじみ深いあの散切頭（ざんぎりあたま）にして男装に踏み切ったのは、この一件以来であるという。蒙古独立運動家カンジュルチャップとの短い結婚の間は一時、女装に戻ったが、離婚後は再び男装し出し、その後も、幾度となく男装遍歴を繰り返している。

カンジュルチャップとの結婚は、満州に内外蒙古を加えた一大王国を夢見た関係者たちが目論んだ政略的なものであった。芳子は、ここでまたまた満蒙独立の道具として都合よく利用されてしまう。一九二七年（昭和二）十一月、旅順で執り行われた結婚式には、あのアルバムの主、河本大作も列席していた。

芳子は、ピストル自殺もはかったことがある。養父との一件か、恋愛の清算なのか、理由ははっきりしないが、拳銃で自分の胸を撃った。弾痕は肩甲骨にとまって未遂に終わった。こうした直情径行型の一連の出来事が、後

＜幼稚園＞
昭和2年ごろの「旅順新市街幼稚園」。新しい蓄音機（中央）が入ったので記念写真を撮った。壁にある「忠孝」の額は当時どこの幼稚園、学校でも見られた（河本清子さん提供）

に満州を舞台に暗躍することになる芳子の性格の特異性を垣間見るようだ。

芳子とカンジュルチャップとの結婚式から半年後――。

一九二八年（昭和三）六月四日早朝、満州の軍閥・張作霖が乗った特別列車が爆破され、張が死亡するという重大事件が勃発した。張は、中国統一を目指す国民党の北伐軍に追われ、北京から本拠地の満州に引き上げる途中であった。この国際的な事件は、当初、国民党の仕業と発表されたが、すぐ関東軍による偽装工作が発覚する。河本大作ら関東軍の一部急進派の仕業だったが、この謀略事件が三年後の柳条湖鉄道爆破事件へとつながり、満州事変、日中戦争、アジア・太平洋戦争へと日本の破滅への第一歩となったのである。

芳子の行動に変化が生じるのは、この事件を契機にしている。

事件が起きるや、さっさとカンジュルチャップと別れ、男装に戻った芳子の姿をしばしば上海の街角に見るようになるのだ。ここで芳子の将来を決定づける、ある男との運命的な出会いがあった。この男とさえ関係を結ばなければ、芳子は特務工作に足を踏み入れることはなかったかも知れない。

男の名は、田中隆吉。前章にも登場した日本陸軍特務機関の少佐である。

田中は、上海で芳子に一目ぼれし、この女を手に入れ、特務工作に利用し、色情と出世の一石二鳥を夢見た。芳子は芳子で、別れたばかりの夫よりは行動的な田中を利用することで、満蒙独立の夢をより現実のものとしたかった。

こうした芳子の行動の背景を、『川島芳子その生涯』（渡辺龍策著／徳間文庫）は、「異国日本における幼少生活には、親身になって愛してくれる者もなく、すべてが利用者ばかりであった。成長するにつれて、おのれも人を利用して、自己を極端に顕示しようとするようになったとみられないこともない。はったりが彼女の習性になってしまった」と分析している。

ある時は満蒙独立という魑魅魍魎（ちみもうりょう）の国際政治に、またある時は女として、利用されてきた。その長い間の「利用される」という受け身の姿勢が、いつしか「利用する」側に豹変したというのだ。

ともあれ、田中少佐との関係が、彼女をより変質狂的行動に走らせた。田中が芳子に期待したのは、蒋介石の国民党政府から情報を取ることだった。そのためにはダンサーにまでなった。また、高級ホテルに入り浸っては、国民党政府高官に近づき色仕掛けで情報を取ったりもした。そのカモとなったのが孫文の御曹子・孫科であった。孫科は蒋政府要人の一人である。孫科に見初められ、彼の秘書となった芳子は重要電報を右から左へと田中の元に流した。

もうれっきとした女スパイである。

＜満州脱出時の溥儀＞
日本郵船「淡路丸」船上の溥儀（中央メガネ）。1931年（昭和6）11月13日。天津を脱出、大沽の港から満州・営口へ向かう船上で脱出成功を祝って写されたものと思われる。もしそうだとすれば、この時より約2年4ヵ月後に満州国皇帝に即位することになる（吉田澄さん所蔵）

一九三一年（昭和六）九月十八日午後十時半ごろ、奉天（瀋陽）郊外の北大営（ほくだいえい）に近い柳条湖において、再び満鉄線の爆破事件が発生した。

日本の新聞号外は「暴戻（ぼうれい）なる支那軍が満鉄線を爆破し、わが鉄道守備隊を襲撃した」と報じた。が、事実は張作霖事件同様これまた関東軍による謀略だった。この時の画策者は参謀・石原莞爾中佐であり、責任者は参謀長・板垣征四郎大佐であった。ところが、この事件の処理が張作霖事件の時とは大きく違った。河本は責任をとって軍を離れたが、石原、板垣は事変の大成功を新聞がこぞって称えたために、国民的英雄になってしまった。とりわけ、知謀・石原への称賛は凄かった。免官どころか、石原は同期中真っ先に大佐に昇進し、板垣は拝謁を賜っている。

こうして見てくると、熱におかされたよう

に、軍による膨張主義を許した、国民と新聞の責任は極めて大きいと言わざるを得ない。理由はともあれ、国外に軍を動かす決定は天皇の大権に属する。その統帥権をおかしたのだから、河本同様、彼らは軍を去るべきだった。ここに破局へとつながる軍部の暴走と無責任体制の芽を見るのである。そして、さらに政府と軍中央部が不拡大方針をとったにもかかわらず、一万の兵力の関東軍が全満州を制圧した。

この頃、芳子と田中は上海にいた。

満州にそのお株を取られた田中は焦っていた。そこに突然、関東軍から田中にお呼びがかかった。田中を前に板垣は語った。

「日本政府は国際連盟をおそれて弱きなので、関東軍が独自の立場で計画を強行する。来年春には満州独立に遭ぎつけるつもりだ。目下、天津にいる清朝最後の皇帝・溥儀の引き出し工作をやっている。そこで、上海で事件を起こし、列国の注意をそちらにそらして欲しい」

それに、溥儀妃・婉容を密かに満州に連れ出す時には、中国の習慣から皇后に接近出来るのは女だけということから、是非、川島芳子を天津に派遣して欲しいというものだった。この頃、退位した溥儀夫妻は北京の紫禁城（現在の故宮）を出て、天津に移っていた。溥儀と同い年の芳子は、以前、天津に夫妻を表敬、親睦を深めていた。

関東軍は、その芳子のツテを使って溥儀を満州に連れ出し、再度、彼を皇帝に祭り上げることで傀儡国家「満州国」を建設しようと、策謀の限りを尽くしていた。が、溥儀夫妻はなかなか腰を上げない。祖先の地・満州への思いはあっても、関東軍の言いなりになるということに溥儀は、本能的に危険を感じていた。

ところが、説得を受け入れ、いよいよ天津脱出という時、溥儀は「退位してこの二十年来、国内は軍閥の闘争に終始し、民衆は一日として平穏な生活が出来なかった。自分が退位した当時に比べ一段と悪くなっている。こんなことでは退位は全然無意味であった。自分はもし民衆の希望があれば、いつでもたって民衆の不幸を救う決心である」と日本領事館に長文の手紙を託している。この手紙が、後に大きく彼に災いするのである。

中国官憲の目をかすめて、筋書き通り、まず溥儀を天津から満州に脱出させたのは三一年（昭和六）十一月十日の夜半であった。溥儀自身の著『わが半生』（筑摩叢書）によれば、スポーツカーのトランクに潜んでの脱出だった。

――さて、いよいよ芳子の出番である。

ところが、溥儀との不仲から満州行きを拒んでいた婉容は粗悪な服に身を包み男装し、同じく男装の芳子に連れられ、愛犬とともに夫君と同様、大沽（ターク―）から海路大連に渡った。彼女らの行く手を遮る者を警戒して、私服の関東軍兵士が目を光らせていた。

婉容が無事、満州入りしたのは、

＜国防婦人会＞
昭和10年ごろ、大連埠頭での記念撮影。前列左端が河本大作夫人。「制服」のかっぽう着姿で、港に着く傷病兵をよく迎えた（河本清子さん提供）

溥儀より一カ月後だった。

芳子は忙しく動いた。上海に列国の目を吸い寄せるような大仕事を仕掛けねばならない。芳子と田中は、さっそく工作活動に着手する。かねて買収しておいた中国人に日蓮宗妙法寺の僧侶たちを襲わせ、これを口実に日本青年同志会の若者が犯人引き渡しを要求して、町に放火するなど暴虐の限りを尽くした。こうして三二年（昭和七）一月の上海事変は起こった。これに対処するため中国警察隊が出動したのを機に、待ってましたとばかり、日本政府は上海出兵を決定したのである。

溥儀が旅順に移って百日余。この間、関東軍によって着々と満州建国の工作が続けられて来た。一九三二年（昭和七）三月一日、溥儀は新京に入り、ただちに満州国の建国を宣言し、執政に就任したのである（翌々年に皇帝に即位）。

満州事変、上海事変の真相究明のため、国際連盟から派遣されていたリットン調査団が、この衝撃的な「満州国」建国の報を聞かされたのは、京都入りした三月九日になってからのことだった。

関東軍に協力し、「満州国」建国という大事業に一枚加わったことで、芳子の野望はさらに膨らんでいった。派手な行動が一段と目立つようになり、その自己顕示欲は止まるところを知らなかった。建国直後の満州は、殊の外、治安の乱れがひどかった。山脈地帯には匪賊（ひぞく）や敗残兵が跳梁跋扈（ちょうりょうばっこ）していた。彼らを帰順させ、日本側の意のままに彼らを使い、治安工作にあたらせようという目的をもった満州国治安部が設置されていた。

その頃になると、一時、東京に引っ込んでいた河本大作は、満州建国と同時に満州炭砿や満鉄の理事として再び満州に返り咲いていた。河本と芳子は、勿論、知り合いである。蒙古のカンジュルチ

＜満州国皇帝妃＞
1936年（昭和11）ごろ。傘をさしかけられてお出ましの満州国皇帝妃・婉容。満州国内と思われるが詳細は不明（佐藤浜二さん所蔵）

ャップとの結婚式には主賓として出席している。そして、河本の起こした張作霖事件を契機に、芳子の血が沸き出したのであった。

その河本を仲介に、芳子は関東軍の中枢に食い込んで行った。

「五千の兵隊をもてば、満州を平定してみせる」と豪語する芳子に軍首脳は甘かった。物好きにもほどがある。何と、芳子に帰順した中国軍三千を与え、「安国軍」と名付け、その司令官に任命したのである。

以来、芳子は、金壁輝司令として有頂天になって活動を開始する。河本アルバムにあるように、いつもカーキ色の日本軍の将校服に軍帽を被り、長靴を履き、腰にサーベルと拳銃をぶらさげていた。

この頃が、芳子の人生の最盛期であった。その特異な存在は、日本でも中国でも知らぬ者はなかった。

出来立ての「満州国」を操る関東軍も、ま

＜神社＞
満州暦康徳２年（昭和10）、日本が奉天近くの炭鉱町に建てた西安神社の御鎮座祭。国家神道、宮城遥拝の強要は現地の中国人の反感を買うばかりだった（河本清子さん提供）

さに飛ぶ鳥を落とす勢いであった。

さて、リットン調査団による報告書は、日本の既得権益を認めながらも中国の保全を主張するものであった。三三年（昭和八）二月二十四日の国際連盟総会で、この報告書が採択されるや、日本の全権・松岡洋右は席を蹴って退場した。そして、三月二十七日、国際連盟脱退を正式に通告、日本は孤立化の道を歩み始めるのであった。

芳子が、凱旋将軍のように故郷・松本に一時帰国したのは、三五年（昭和十）一月のことだった。養父・川島浪速の古希を祝うためであった。祝いの宴は、信州松本の浅間温泉「小柳の湯」で盛大に開かれた。日本と満州国の国旗が翻り、出席者による日本・満州国万歳が何度も繰り返された。

芳子は、どこに行っても引っ張りだこだった。母校の松本高女をはじめ、旅先でも次から次に講演の依頼が殺到した。

　この年の四月六日、満州国皇帝・溥儀は初めて日本を訪問、天皇陛下に拝謁した。この日より少し前、満州へ五百万人もの日本人を移民させる計画が発表され、日本と満州との結び付きが日ごとに強まって来ていた。

　――ところが、川島浪速の古希の祝いを終え、満州に引き返した芳子を待っていたのは、関東軍の冷たい仕打ちだった。皮肉なことに、彼女の方から切って捨てた上海時代の田中隆吉が、何と関東軍の幹部となって上海から満州に栄転していた。田中は、恨み、腹いせまぎれに芳子を満州から追放したのである。勿論、軍籍があっての金司令ではないから、芳子はこの時点で川島芳子というただの女になってしまった訳だ。

　やむなく天津に移った芳子は中国料理店を経営する。ところが、弱り目にたたり目とはこのこと。五尺余りの痩せこけた体を長年、酷使した結果であろうか。持病の脊椎の痛みが彼女を日々、悩ますようになる。痛みをまぎらすために芳子はしばしばアヘンに手を出した。そして、彼女は時たま物憂

<川島浪速夫妻と芳子の墓>
松本市蟻ヶ沢の正麟寺にある川島一家の墓碑。立派な自然石を使った墓碑は一際目立つ
<推定四十二歳>
墓碑の裏側には芳子の命日の下に、享年と同時に「推定」の二文字が刻まれていた＝松本市蟻ヶ沢の正麟寺で

げに自分の歩んで来た道を見つめ直すことが多くなった。

「満州国なんて言ってるけど、結局は日本の植民地じゃない」

手のひらを返したように日本の軍部に対し、激しい言葉を吐くのだった。

その軍部は、三七年（昭和十二）七月七日午後十時四十分、北京郊外の盧溝橋において、夜間演習していた日本軍支那駐屯軍の一個中隊に向けて、小銃の実弾が撃ち込まれた。真相は日本軍による自作自演だった。

この事件が元で、日中は全面戦争に突入することになったのである。そして、二年後、満州の関東軍はソ連・外蒙古との国境ノモンハンでソ連軍を挑発、大敗を喫するのだ。

盧溝橋事件を機に、芳子の存在はますます薄くなって行った。この頃の芳子は、天津の中華料理店の経営もほったらかして、ただ一人、北京のアパートでアヘン浸けの日々を送っていた。夢うつつに、華々しかった上海時代や満州国建設に一役買った当時の艶やかな自分が現れては消えて行った。誰からも忘れ去られた今の自分がみじめで仕方がなかった。見えっ張りの芳子にすれば、「無視」という言葉ほど屈辱的なことはなかった。孤独と失意の日々に、「このまま野垂れ死んでしまえばいいのだ」と芳子は吐き捨てるように自分に言った。

——四五年（昭和二十）八月十五日。日本は降伏した。この日より六日前、芳子の夢だった「満州国」の大地にソ連軍が大挙してなだれ込んでいた。

十八日、満州国皇帝・溥儀は退位した。その瞬間、「満州国」は消滅した。三二年（昭和七）春から消滅まで十三年余。そこに暮らした日本人総数は百五十五万人。満蒙開拓青少年義勇軍など開拓民二十七万人は中ソ国境沿いまで入植、兵士六十六万人のうち五万人が死んだ。そして、多くの残留孤児を生んだ。

二歳で清朝皇帝に即位して以来、三度の退位（一九一七年七月、張勲のクーデターで数日間、二度目の帝位についている）を経験した波乱な溥儀の人生は、その後も、ソ連抑留、新中国での一市民への思想改造とまだまだ続くのである。

芳子の住む北京のアパートに、国民政府の憲兵数人が手に手に拳銃を持って乗り込んで来たのは、それから約二カ月後の十月十日だった。芳子の居場所を知らせたのは、何と彼女がずっと召し使いとして使っていた中国人ボーイだった。彼は国民政府の回し者だったのである。

芳子が、「女探・金壁輝」として、北京の第一監獄で死刑を執行されたのは四八年（昭和二十三）三月二十五日払暁のことだった。

罪状はスパイ罪である。翌日の朝日新聞は、二段見出しで芳子の死刑執行の模様を報じている。それによると、一発の銃弾が彼女の後頭部に命中、絶命したという。四十二歳の数奇を極めた波乱な人生だった。

ところが、川島芳子という女性には、彼女をすんなりと歴史の闇に葬ることを許さない何かが宿っているのだろうか。しばらくして、死刑執行されたのは身代わりだという風評が飛び出したのだ。確かに報道陣をシャットアウトしての執行という、慣例を無視したこともそうだったが、引き渡された遺体の顔の損傷が激しく、芳子であるという確認は誰も取れていなかったのである。

ともあれ、芳子と思われる遺骨は、北京在住の日本人僧侶の手によって、この年の暮れに義父・川島浪速の元に届けられた。

浪速も後を追うように、翌年六月十四日、八十五歳の生涯を閉じている。

――――（注1）本名はマルグリット・ゲルトハードというオランダ人。オランダ植民地軍の高級将校夫人からナイトクラブの舞姫へと転身し、第一次大戦下、ドイツ特務機関員としてヨーロッパ社交界の花形として話題を巻いた。マタハリとは彼女の舞姫時代についた「暁の瞳」というインドネシア語の芸名。パリ警視庁に逮捕され、銃殺刑に処せられた。

――――（注2）中国文化が発した黄河中流の南北の地域。

――――（注3）日露戦争後の明治四十年、設立された半官半民の南満州鉄道株式会社が経営していた鉄道。大連―新京（長春）間の本線と幾つかの支線があった。同社は鉄道経営の他、炭鉱・港湾経営や鉄道付属地の行政なども担当した。敗戦で中国に接収された。

【参考文献】

『川島芳子その生涯』（渡辺龍策著／徳間文庫）
『関東軍』（島田俊彦著／中公新書）
『張作霖爆殺』（大江志乃夫著／中公新書）
『石原莞爾』（青江種舜二郎著／中公新書）
『旧満州はいま』（朝日新聞中国・東北取材班／朝日新聞社）
『満蒙開拓青少年義勇軍』（櫻本富雄著／青木書店）
『一億人の昭和史』（毎日新聞社）
『満州は春なお遠く』（加藤百合子著／かのう書房）
『朝日新聞』昭和23年3月16日、26日

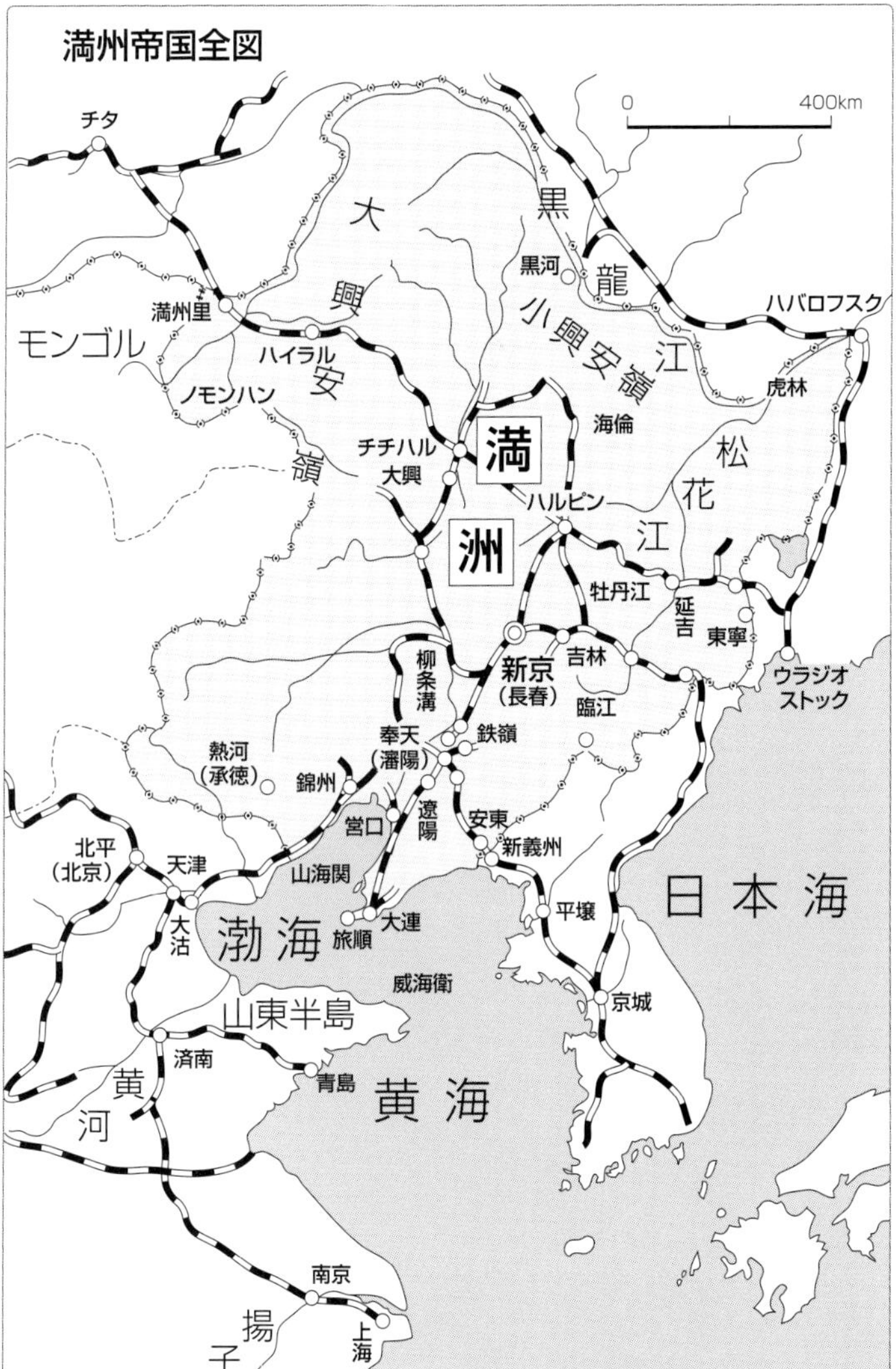
0
400km
チタ
満州里
モンゴル
ハイラル
ノモンハン
大
興
安
嶺
黒
龍
江
黒河
小興安嶺
ハバロフスク
虎林
海倫
チチハル
大興
満
洲
ハルピン
松
花
江
牡丹江
延吉
東寧
ウラジオストック
新京
（長春）
吉林
柳条溝
臨江
奉天
（瀋陽）
鉄嶺
熱河
（承徳）
錦州
営口
遼陽
安東
新義州
北平
（北京）
天津
山海関
大沽
渤海
旅順
大連
平壌
日本海
威海衛
京城
山東半島
済南
青島
黄海
黄
河
南京
上海
揚
子
江
武漢

満州帝国全図

8 東洋のマタハリ・川島芳子と満州帝国

「川島芳子の満州」関連年表

1906(明治39年)	壁輝(後の川島芳子)、清朝・粛親王の14王女として誕生/南満州鉄道会社設立(11/26、開業1907/4/1)
1911(明治44年)	《辛亥革命》(10/10)
1912(明治45年)	《清朝廃止》宣統帝・溥儀退位(6歳)。6歳の壁輝、満蒙独立運動家・川島浪速の養女となり川島芳子と名乗る。(2/12)
1917(大正6年)	溥儀、張勲の復辟により2度目の皇帝となるが、失敗。すぐ退位〈11歳〉(7月)
1918(大正8年)	関東司令部条例公布(4/12)
1921(大正10年)	川島芳子、東京・豊島師範付属小学校を卒業し、川島家そろって長野県松本市に引っ越す。松本高女へ
1922(大正11年)	実父・粛親王、旅順にて死去
1927(昭和2年)	川島芳子、蒙古独立運動のカンジュルチャップと旅順にて結婚。すぐ離婚(11月)
1928(昭和3年)	蒋介石の国民党軍、北伐再開(2月)/《張作霖爆殺事件》(6/4)
1929(昭和4年)	川島芳子、上海へ。謀略活動開始
1931(昭和6年)	柳条溝で満鉄の鉄道爆破事件勃発(9/18)/《満州事変》/溥儀、天津から満州に脱出(11/10)/川島芳子、溥儀妃・婉容の脱出を手助け
1932(昭和7年)	《上海事変》(1/28)/リットン調査団来日(2/29)/《満州国建国》(3/1)
1933(昭和8年)	川島芳子、満州国安国軍司令官になり、反満抗妃匪賊の討伐にあたる(2月)/日本、国際連盟脱退(3/27)
1934(昭和9年)	溥儀、満州国皇帝に〈28歳〉(3/1)/満鉄の特急「あじあ」号運転開始(11/1)
1935(昭和10年)	川島浪速の古稀の祝いで芳子、信州へ。各地で講演(1/7)/日本から満州へ移民500万人を計画(2月)/皇帝溥儀、初訪日(4/6)
1937(昭和12年)	《盧溝橋事件》日中戦争へ(7/7)
1939(昭和14年)	《ノモンハン事件》(6/24)
1940(昭和15年)	皇帝・溥儀、2度目の訪日(5月)
1945(昭和20年)	ソ連軍、満州に侵攻(8/9)/「終戦」詔勅放送(8/15)/関東軍、停戦申し入れ(8/16)/溥儀、皇帝退位〈39歳〉。満州国解消(8/18)/ソ連軍、全満州を占領(9/1)/川島芳子、国民政府によって北京で逮捕(10/10)
1947(昭和22年)	川島芳子に死刑判決(10/22)
1948(昭和23年)	川島芳子、北京第一監獄にて死刑執行。享年42(3/25)

「脱亜」の群像 9

戦地・ありのままの素顔

――カメラを手にした兵士と戦場に散った写真と……

戦争写真というと人々はどんな写真を連想するだろうか。ロバート・キャパの銃弾を浴び大空を舞うスペイン内戦の「倒れる兵士」か。ベトナム戦争のソンミ村虐殺やナパーム弾を浴び逃げ惑う少年、少女らの悲惨なシーンか。はたまた中国大陸での日本軍の蛮行を物語る大本営不許可の写真か。

写真評論家の飯沢耕太郎氏は、その著『写真の力』（白水社刊）の中で、十九世紀以来おびただしく撮影された戦争写真の中には、襟を正して凝視することを要求されるような「正統的な」戦争写真のカテゴリーからはみ出してしまうようなものもあって、それらの「もうひとつの戦争写真」が気になると綴っている。

「もうひとつの戦争写真」とは、プロパガンダのための雑誌や絵葉書などに登場するキッチュ（ドイツ語＝まやかしな悪趣味）な写真や、「虐殺し強姦した敵兵や民衆」を記念撮影した負のイメージ写真のことであると飯沢氏は説明し、負のイメージが強い写真ほど「忘れ難い印象を残すものである。

<行軍>
中国大陸を転戦した龍崎秋作さん（右側）は、昭和13年夏、江西省の徳安を攻略後、行軍途中の道すがら部隊の仲間のカメラにおさまった（長女の今野富美さん所蔵）

戦争写真がつねに人々を引き付けるのは、恐れと欲望が交錯するこれらのイメージが背後の闇に存在しているからかもしれない」と語る。

この章で掲載する戦争写真は、飯沢氏の言うその「正統的な」ものでもなければ、勿論「キッチュな」ものでもない。半世紀前のアジア太平洋戦争時に中国大陸などに従軍した普通の皇軍兵士が戦時の狭間に点描した戦地の一コマ一コマである。

私は、戦争写真というものは新聞社や軍当局から派遣されたいわゆる従軍カメラマンの手によるものばかりだと長年思っていた。が、中には写真好きの兵士が鉄砲とカメラを手に戦地を転戦していた。この事実に少なからぬ衝撃をおぼえた。

ここで写真好きの普通の兵士たちが写した戦地の素顔を語る前に、戦争写真の歴史を振り返ってみることにしたい。

写真が誕生したのは公式的には一八三九年、フランスである。そして、最初の戦争写真はこの写真誕生から七、八年後に撮影されたメキシコ戦争（一八四六～四八）といわれる（『写真装置5戦争の写真史』写真装置舎発行）。が、残念なことにこの戦争の模様を数枚のダゲレオタイプに残した写真家の名前は分かっていない。

名前が現在分かっている最初の戦争写真家はアマチュアでジョン・マッコーシュというベンガル歩兵付きのイギリス人軍医である。彼は、北

＜戦地の幼子＞
小山さんは、満州で出会った物乞いの幼子にも優しくレンズを向けている。昭和18年、牡丹江で戦死したが、これらの写真、数十枚を貼り付けたアルバムを生前、横須賀に住む従兄弟に送って来ていた（村山安治さん所蔵）

<ピストル>
昭和10年ごろ、中国と朝鮮の国境・鴨緑江の近くでは有事に備え、時々、当地に住む日本人婦女子までもが射撃訓練を行った。当時、朝鮮総督府に勤務していた大沢巳吉さんの友人が、この模様を愛用のカメラで記録していた（息子の大沢岳男さん所蔵）

インドを舞台に繰り広げられた第二次シーク教徒戦争（一八四八～四九）や、第二次ビルマ戦争（一八五二）を撮影している。

マッコーシュに続く戦争写真家がクリミア戦争（一八五三～五六）を記録したロジャー・フェントン（一八一九～六九）である。フェントンが本業の弁護士をほうり出し、ロシアと英、仏、トルコ同盟軍が壮絶な戦いを繰り広げるクリミア半島に向かったのは一八五四年十二月。ワイン業者用の荷台を改造した暗室馬車、五台の湿板写真機、七百枚のガラス板、様々な写真用薬剤、それに二人の助手を伴っての撮影行であった。

フェントンは半年間、戦場を撮りまくって帰国。ロンドンをはじめ各地で写真展を開催、写真集も出版されて大きな反響を巻き起こした。しかし、三百数十枚にも及ぶフェントン写真からは奇妙なことに血の一滴すらも見ることが出来ない。その多くは、ぴしっと折り目のついたズボンを着こなした英仏の将校たちが野営地でワインを酌み交わ

＜小さな親友＞
昭和14年、駐屯中の中国・広東で現地の女の子とカメラにおさまる皇軍兵士・矢崎浩さん（当時27歳）。カメラ好きの仲間が撮影した、この微笑ましい写真が当地で開かれた日中合同の写真展で入賞した。写真の裏に矢崎さんの字で“小さな親友”と説明がある。子供好きの矢崎さんは除隊後、昭和17年、シンガポールに開校した「昭南日本学園」で教壇に立った。当時の現地人の教え子との交流は今でも続いている（矢崎浩さん所蔵）

し、談笑するといったものだ。現実には、戦いは泥沼化し、英仏陣営の野戦病院にも傷病兵が溢れていたのに、である。

その理由は露光時間という技術的な問題もあったが、主たる理由はフェントンのクリミア派遣のスポンサーとなっていた写真好きの英王室アルバート公の意向が反映していた。フェントンは出発前、アルバート公から「写真には決して死体を入れてはいけない」という撮影条件を言い渡されていたという。これは政治的な意識からくるものではなく、写真は美しいものでなければいけないというサロン写真を主流とした当時の意識にあった。戦場でも将校たちは常にアイロンの行き届いた真っ白なYシャツに紅茶を絶やさなかった。そんな彼らにとっては死体は単に汚いものなのである。これこそが絢爛たるビクトリア朝を象徴する道徳観なのだ。

血と暴力の影を否定したフェントン写真に物足りなさを感じたのか、死体累々の戦場跡をも

＜素人床屋＞
横須賀で写真館を開いていた小山健治さんは、昭和16年から18年ごろまで、駐屯先の中国・満州で様々なものを撮影していた。この写真は、野営地で仲間同士が髪を切り合う光景だ（従兄弟の村山安治さん所蔵）

記録するようになったのは、フェントン後のクリミア戦争を撮影した英国人写真家ジェームス・ロバートソンであり、アメリカの南北戦争（一八六一～六五）を記録したマシュー・B・ブレイディであり、セポイの反乱や英仏軍の北シナ遠征、動乱の幕末日本を活写したイタリア生まれの帰化英国人写真家フェリックス・ベアトらである。

フェントン時代までの戦争写真は、所詮、花鳥風月や肖像写真を主としたそれまでのサロン写真の延長であり、英王室を中心とする一部上流階級のいわば趣味であった。ところが、ロバートソン以後は、産業革命によって新しく生まれた中産階級という大衆層のニーズに応えようと苛烈な競争を繰り広げるマスメディアによって、戦争写真に対する読者の嗜好が大きく変化して来る。人々は平和なロンドンで紅茶をすすりながら、非日常的な疑似体験をさせてくれる戦争写真に目を見張った。

が、戦争写真家たちの根底を流れる意識となると、前出の飯沢氏も先の著で述べているように、フェントンの時代から第一次世界大戦（一九一四～一八）の頃まではそれほどの変化はなかった。

「……フェントンがイギリス王室を後ろ盾にしていたように、彼らの多くは公的な機関や新聞、雑誌等の権威を背後に背負っていた。彼らは戦場では常に特別待遇を受け、弾の飛び交う危険な戦場からは安全な距離を保つことを許されていた」

サロン調の戦争写真から敵の死体が入った写真まで。その表現に多少の変化はあっても、第一次大戦までの戦争写真家たちは自国優先の意識から決して抜け出してはいない。

戦争写真家たちに根本的な意識の変化が生じてくるのは第二次大戦（一九三九～四五）ごろからである。ロバート・キャパらのように戦場の兵士と同じ目線で現実を見つめようとする新しい視点を持った戦争カメラマンが誕生する。これはカメラというメカニックの進歩にもよるが、それ以上に戦争

＜スケート＞
昭和17年、凍結した黒竜江（アムール川）で怖々とスケートに興じる関東軍第4軍の日本兵。ソ満国境の町・黒河（現・愛輝）に駐屯していた兵士たちは運動不足解消に時折、こうして川幅800メートルの黒竜江で一時を過ごした。対岸の町はソ連領ブラゴベシチェンスク（滝口正次郎さん所蔵）

という悲惨な現実を記録しなければならないという写真家たちの欲望にも似た意識変革にほかならなかった。

こうした戦争写真の歴史を踏まえて、改めて掲載写真を眺めてみるとありきたりのようだが何かが違うことに気づく。

それは多分、我々が潜在的に抱く戦争という非日常的な行為のイメージをこれらの写真が見事に裏切っているからであろう。いくら戦地でも二十四時間、四六時中、戦闘ばかりしているとは思わないが、ちゃっかり仏教寺院を観光したり、スケートをしたり、山登りをしたり。戦地で写真展まで開いていたとはやっぱり驚く。それに戦地での緊張と緊張の間に、これほどまでに豊かな表情があったとは……。笑顔の《行軍》写真などは銃と鉄兜さえなければまるでピクニック気分である。

逆に、これほど豊かな表情を持った普通の皇軍兵士たちでも、戦争という極限の精神状態に追い詰められた時、人を殺すという蛮行を当たり前のように犯してしまうのだという怖さを見せつけられる思いもする。この掲載写真が国威発揚という報道目的とは違った、発表されないが故の〝正直さ〟からだ。

二十数年ほど前、写真好きのある陸軍大尉がカメラと暗室用具を携え、中国大陸を転戦し撮影した二百数十枚にも及ぶ二冊のアルバムを見たことがある。昭和十三年二月から戦死するまでの一年八カ月間に写されたもので、兵士の日常生活のスナップから行軍途中にみかけた中国人の子供、農民、胡弓を奏でる夫婦、捕虜などが名刺判ほどの大きさで貼られ

<登山>
写真裏に「昭和13年5月5日、崇明島於龍崎　登山　無帽」とある。休暇なのか演習なのかは分からないが、銃やツエを手に山登りで疲れた体を休める兵士の表情は穏やかだ（今野富美さん所蔵）

左上：＜寺院観光＞
昭和18年から20年にかけてタイ、ラオス、ビルマ（ミャンマー）に陸軍33連隊の騎兵として進駐した坂本弥七さんは、ビルマのマンダレーに駐屯中、釈迦の遺骨が安置されているといわれるマンダレー・ヒルに仲間とともによく登った。マンダレー・ヒルの麓には大きな狛犬が立ち、山全体が一つの寺院になっていて、現在でも観光の目玉だ（息子の坂本弥一さん所蔵）
右上：＜マンダレー・ヒル＞
戦時中の日本兵がよく登ったマンダレーの丘。丘全体が寺院で、その入り口に立つ狛犬も当時のままだ＝1995年9月、松本逸也撮影
右下：＜笑顔＞
仏教彫刻が立つマンダレー・ヒルの寺院の頂上で、ニッコリとほほ笑む皇軍兵士（坂本弥一さん所蔵）

ていた。

　その中で最も印象的なものは、ガレキとなった建物から皇軍兵士が銃を手に飛び出す六コマの連続写真である。銃を構える兵士。鋭く光る眼。発砲。たちのぼる硝煙。突撃。最後は日の丸を掲げて万歳。迫力満点の連続写真の脇に、女性的な細字の万年筆で大尉自らが記した一文が寄せられていた。

「ニュース映画は、かうして作る。一つの芝居」


　さて、『従軍カメラマンの戦争』（写真・小柳次一、文・石川保昌、新潮社刊）は、日中戦争から太平洋戦争にかけて旧陸軍報道部嘱託として敗戦まで中国戦線、フィリピン戦線などに従軍した一人のカメラマンの心情を綴ったものである。

　名取洋之助の日本工房から派遣され、銃後の戦意高揚のために新聞や雑誌を賑わし続けた主人公の小柳次一カメラマンは、戦争の悲惨さを目の当たりにして少しづつ心境に変化が現れて行く。そんな彼が文中で語っている数々の言葉には、長く報道写真に携ってきた私には鮮烈な響きをもって聞こえる。

「ほとんどの兵隊は戦争がなかったら百姓やったり、商売やってた普通の人間なんです。みんな兵隊になんかなりたくてなったんじゃないですから。《途中略》八円八拾銭（兵隊の月給のこと）で命張ってる兵隊をなにからなにまで撮ってやろうと。だから戦闘や行軍だけじゃない。飯を食っているのも、笑ってるのも、花摘んだり、散髪したり、余興の歌や踊りまで、なんでも撮りました」

――普通の人間として兵士を撮る。

自覚した小柳カメラマンの写真はある時から、新聞社から派遣された報道班員が戦闘終了後に演出して撮影する「皇軍〇〇部隊〇〇占領」などの万歳写真とはまったく違ったものになっていったという。

×　　×　　×

戦場の光景はいつも醜く惨憺たるものである。

戦争写真家やカメラ好きの普通の皇軍兵士たちが残した戦地の写真、名も無い一兵卒の従軍日記が、戦争という殺戮の場が人間性をことごとく奪い去っていったことを今、しみじみと教えてくれている。

手元に分厚い一冊の『日露戦役従軍日記』がある。和罫紙二百三十六枚。達筆な毛筆書きによる膨大な日記の筆者は、第三軍第一師団に所属していた高崎十五連隊陸軍歩兵伍長の故・宮入達雄さんである。

第三軍といえば司令官は、あの乃木大将。三度にわたる旅順総攻撃、二〇三高地突撃、さらには奉天会戦と戦いに明け暮れたこの第三軍の運命は壮絶なものだった。

宮入日記は、奉天会戦の火ぶたが切られた明治三十八年三月九日（木曜日）の三台子（奉天の北郊外）攻撃の模様を次のように伝えている（以下原文のまま）。

「午前零時三十分第一、第二大隊ハ三台子村落ニ向テ夜襲セシモ敵兵頑強ニ抵抗シ死傷続出惨憺凄烈（さんたんそうれつ）戦闘正ニ酣（かん）ナリ殊ニ第二大隊ハ損害甚タシク刻一刻戦員ヲ減少シテ到底突撃ヲ続行スル能ハズ徒（いたず）ラニ増援を待ツノ悲境ニ至リ……」

そして、数行後に衝撃的な記述が――。

＜日露戦争の遺品＞
明治38年3月、日露戦争の奉天会戦で戦死したロシア兵の一人が携えていた記念写真。所蔵者の小西欣弥さんの父で後に代議士になった和さん（故人）が新聞社からの従軍記者として、奉天戦に参加した際、戦場で倒れていたロシア兵が持っていたものをひそかに持ち帰っていた。戦死者の妻子であろうか。和さんは、“奉天戦大捷記念”と説明を付け、自分たちの家族の写真と一緒にアルバムに貼っていた。

「……此時予ハ頻（しき）リニ空腹ヲ感シ堪ヘ難ク携帯セン重焼麺麭（めんぽう＝パンの事）ハ己ニ食シ尽シテ非ズ如何ハセント思案中僅カ先ニ敵ノ死屍二三ヲ発見シタレバ之レ天ノ賜モト急キ馳セ寄リ彼等ノ雑嚢（ざつのう）ヲ開ケバ牛罐（ぎゅうかん）数個及露兵ノ常食タル黒麺麭角砂糖等ヲ得之レアラバ充分ト直ニ

＜ビルマ人青年＞
昭和17年から20年にかけてタイ、ラオス、ビルマ（ミャンマー）に陸軍33連隊の騎兵として進駐した坂本弥七さんは、マンダレーでの戦闘で廃虚となった家で散乱した20枚ほどの写真を拾った。この写真の裏には「Mong Htun Sein」「Ko Thang Ngunt」「Ko Thang Zin」と3人の青年の名前が記されている。他の関連写真から「1941年3月12日」に写真に写っている3人のうちの誰かからある人物にこの写真がプレゼントされていることは分かる。そして、この写真の持ち主は、わずかに記されたビルマ語から3人の青年よりも年長者であったことが判断できるという。持ち主は恩師か、3人の共通の先輩か、あるいは肉身関係者か？（息子の坂本弥一さん所蔵）

黒パンヲ食ハントセシモ如何ニ飢イタル時ニ不味ノモノナシトハ言ヒ是レ斗リハ到底食フ事蝕ハズ止ムナリ牛鑵ヲ押シ切リ忽（たちま）チニ其二個ヲ食ヒ尽シテ以テ腹ヲ充ス折柄予ト同様ノ者アリト見ヘ一人二人果テハ五六人集リ来りて遂ニ牛鑵全部ヲ食ヒ終リテ舌鼓打チツ腹ヲ叩キヌ……」

まさに死闘である。

あたりは敵、味方の屍の山。飲み水もない。食い物もない。頭を上げれば銃弾の雨が注ぐ。身動き一つ出来ず一日中、地面にへばり付いている日もあった。

ここでは、そんな戦場跡に散っていた三種の写真を検証してみたい。

①宮入日記にも登場する奉天会戦で戦死したロシア兵が携えていた母子の肖像写真②ビルマ攻略作戦で戦火となったマンダレーの廃墟で見つけた若者たちのポートレイト③インドネシア・タラカン島を奪還したオーストラリア軍兵士が故国に持ち帰っていた日本軍兵士のありし日の姿である。

そのいずれもが、今になって持ち主から「遺族に返したい」と送られて来たものだ。そして、写真とともに「その時は何げなく戦地の記念として持ち帰ったが、時がたつにつれ気になって仕方がないと亡父がいつも言っていた」との内容の手紙が同封されていた。

<入浴>
タラカン島に駐屯していた海軍陸戦隊牧内部隊幹部の入浴シーン。面積300平方キロ、人口約1万2000人のこの島に日本軍の上陸作戦時には油田警備の蘭印軍兵士が1400人駐屯していた（デビット・エフロンさん所蔵）

写真の主は、恐らく持ち主の家族であり、恋人であり、友人であったろう。ところが、その持ち主が戦死したり、行方不明になってしまった。そして、その胸ポケットや廃墟に散っていた写真を、兵士たちは無神経にも〃戦利品〃として持ち帰って来たのである。

戦場の寒々とした光景が目に浮かぶようである。が、この時の行為が、後年になってあの悪夢の日々を蘇らせるのであろう。例え、その写真が戦死者への供養のつもりで丁重にアルバムに貼られていたとしても、懺悔のつもりであったとしても、自分たちが加わった国家による戦争犯罪と略奪を正当化することにはならない。だからこそ、これらの写真からは絶えず呪術的（じゅじゅつてき）な怨念のオーラ（aura＝霊気）が発せられているのだ。

そこで、オーラを発する写真の持ち主たちの運命を決したそれぞれの戦いの状況を、残された史料から探ってみることにした。

まず、ロシア兵の〝母子写真〟。所蔵者の小西欣也さんの父・和（かず）さんは奉天会戦の時、新聞社の従軍記者として作戦に参加していた。

<上陸記念>
昭和17年1月11日、南方軍第16軍・坂口支隊とともにインドネシア・ボルネオ島北東岸のタラカン島に上陸した海軍陸戦隊牧内部隊の兵士は、上陸作戦成功を記念して攻略した敵陣の一角で写真撮影をしていた。同島は豊富な石油資源に恵まれていた。この写真はその後、同島を奪還したオーストラリアの兵士だったデビット・エフロンさん（現在オーストラリア在住）が日本軍撤退後の島で拾ったものの一枚だ。数年前、持ち主を探して欲しいという手紙とともに送られて来たものである。

日清戦争が日本の近代国家の仲間入りを賭けての植民地獲得の戦争であったなら、日露戦争はロシアの満州占領と朝鮮半島への脅威をめぐるそれぞれの国益を賭けての戦いだった。軍事力の差から誰もが負け戦（いくさ）と信じたロシアへの無謀な挑戦を、日本の勝利に導いたといわれる作戦こそが奉天会戦なのである。

明治三十八年三月十日。第三軍を奉天の北側に迂回させるという包囲殲滅作戦によってロシア軍は孤立、奉天は日本軍の手に落ちた。

＜花鳥風月＞
海軍陸戦隊牧内部隊の若き兵士。同部隊は坂口支隊とともにタラカン島を占拠後、同島の警備をしていた。一連の写真から判断して昭和17年のものと思われる（デビット・エフロンさん所蔵）

ロシア軍総司令官クロパトキン以下、将兵たちの退却は混乱を極めた。道路は人馬と車両で埋め尽くされ、始末に困って遺棄した車両や物資があたり一面に散乱し、混雑をさらに増幅した。

〃母子写真〃は、翌十一日、第一軍の近衛師団、近衛後備混成旅団の追撃で痛めつけられた蒲河（奉天の北）の戦場跡に屍（しかばね）をさらしていたロシア兵の遺品である。

結局、この会戦で日本軍は総兵力約二十五万人のうち七万余が死傷、ロシア軍は約三十一万人のうち六万余が死傷、約三万人の捕虜、逃亡兵を出している。ロシアの敗因はロシア社会に革命が進行していたという理由もあろうが、何よりもロシア軍の指揮系統の混乱や高級指揮官同士の相克にあったといわれる。決して日本軍の強さにあった訳ではなかった。

次に〃ビルマの若者〃である。

ビルマの旧王都マンダレーに、日本軍第十五軍が入城したのは昭和十七年五月一日夕刻。この日のことを第十五軍の飯田祥二郎中将は後に関係者にこう語っている。

「……マンダレーは敵が逃げてから間もないのに、市内入口付近には、女子供にいたるまで、多数の住民が出迎え、頭に水壺を載せ、飲料水の接待をしていた。中には男の子が兵の背嚢（はいのう）背負って列中に入り嬉々として日本兵と並んで行進するなど、いかにもなごやかな空気が漲っていた。《途中略》日本兵はシャツは破れ、顔は砂と埃でまっ黒になり、髭はぼうぼう、まことに見られた姿ではなかった……」（戦史叢書『ビルマ攻略作戦』）

つまり、マンダレー入りしてこの写真と出会うことになる坂本弥七さんらは英軍の抵抗もなく無血入城したのである。坂本さんが既に亡いので、詳しい写真との出会いは分からないが、マンダレー入城後に敵兵（英兵）を探索中、もぬけの殻となっていた裕福な家で見つけたということらしい。

写真から連想するには、持ち主は日本軍の侵攻まで英国側について豊かな生活を保証されていた。だからこそ敵軍（日本軍）の入城を前に身を隠したのかも知れない。

最後に、〝タラカン島の日本兵〟。

この写真の正体を突き止めるきっかけは、当時オーストラリア兵だったというデビット・エフロンさんが写真とともに同封してくれた「タラカン島で拾った」という短い英文の手紙と、写真に写っていた「昭和十七年一月十一日海軍牧内部×」という文字だった。

果たしてタラカン島とはどこか？

世界地図を引っ張り出して調べてみると、インドネシア・ボルネオ島北東岸に位置する面積三百平方キロほどの小さな島であることが分かった。ところが、この島からは優良な重質油が豊富に産出する。十九世紀末、ロイヤル・ダッチ石油会社が開発に成功、以来、オランダ兵がこの島の利権を死守していたのである。

やはり戦史叢書『蘭印攻略作戦』を頼りに読み進むうち、タラカン攻略の項に、僅かに一カ所だけ「海軍陸戦隊牧内（まきうち）部隊」の字を見つけた。さらに防衛庁などへの問い合わせで、同部隊

右：＜芸術家？＞
バイオリンを奏でるビルマ人青年。この青年が写った写真は他に4枚ある。髪を七三に分けた背広姿や民族服のりりしい写真などだが、左の薬指には指輪が光っている。あの当時のビルマの状況からしてかなり裕福な家柄の若者のようである（坂本弥一さん所蔵）
中：＜姉妹？＞
民族服に帽子、手足にまで飾りをつけて着飾った女性（坂本弥一さん所蔵）
左：＜ロンジー＞
伝統の民族服ロンジーをはき、スリッパ姿の正装で写真館の書き割りの前に立った女性（坂本弥一さん所蔵）

の本当の名称は「海軍呉第二特別陸戦隊」であること、南方軍第十六軍・坂口支隊とともに昭和十七年一月十一日に上陸していたことが判明した。よって日付の入った写真は上陸記念に撮影したもののようである。

前年の十二月八日、日本軍はハワイの米太平洋艦隊への奇襲で南方作戦のスタートを切っていた。そもそも陸軍が南方作戦に乗り出した主たるねらいは、中国大陸での戦争遂行のための石油エネルギー確保にあった。それは既に実行に移されていた米国の対日石油禁輸策への対抗措置であった。

牧内部隊らの作戦は順調だった。同部隊が上陸した時、オランダ軍による油田放火で島の上空は真っ赤であった。

その後、牧内部隊はそのまま同島に駐留、陸軍とともに油田の警備を担当していた。

が、運命の日は、昭和二十年五月一日に来た。この日、オーストラリア軍第九師団が同島へなだれを打って上陸、激戦の末、同部隊（約五、六百名と推定）は三十一人というわずかな生存者だけを残し玉砕している。

この時、上陸したエフロンさんは、死体と破壊された施設の間に散っていたこれらの写真を見つけたと言う訳だ。だからこの写真の主たちは、事によったらこの時の戦闘で戦死している可能性が高いのである。


奉天会戦の母子写真、〝ビルマの若者〟、タラカン島の玉砕兵士の姿。こうしてそれぞれの写真を結んでみると、何か見えて来るような気がする。つまり軍国ニッポンが奈落の底に転げ落ちて行く膨張主義の芽は、日本海海戦の大勝利へとつながるあの奉天会戦にあったのではないかと言いたいのである。

司馬遼太郎氏の『坂の上の雲』（文春文庫）の言葉を拝借すれば、僅少差の勝利に酔い、「日本人の国民的理性が大きく後退して狂躁（きょうそう）の昭和期に入る。やがて国家と国民が狂いだして太平洋戦争をやってのけて敗北するのは、日露戦争後わずか四十年のちのことである」ということだ。

「南の満州国」への野望

――戦うビルマ鉄道部隊
泰緬鉄道建設と旧日本軍のもくろみ

「脱亜」の群像 10

戦後、社会主義路線を歩み、鎖国政策を続けて来たミャンマー（ビルマ）は、今も国際的に孤立し続けている。

八八年の民主化暴動による流血事件から十五年。ミャンマー軍事政権は、運動の中心人物であるノーベル平和賞のアウンサン・スー・チーさんの身の自由をいまだに奪ったままだ。これまで国際的な非難に対しても執拗に解放を拒否してきた軍事政権が、時折、彼女を解放したり、再び自宅軟禁したりしてきた背景には、アメリカなどからの国際的な圧力をかわす手段にほかならない。

長くアジアの最貧国というレッテルを貼られ、中国、東南アジア諸国連合（ＡＳＥＡＮ）からも大幅な遅れをとったミャンマーに、アメリカの経済制裁は生命線を断たれるに等しいのだ。

彼女の解放と軟禁は、現政権のそのままブレである。

さて元をただせばミャンマーの軍事政権を長く支えて来たのは、旧日本軍の薫陶を受け、軍国主義、

＜クワイ河鉄橋＞
“死の鉄橋”と呼ばれた泰緬鉄道のメクロン鉄橋（通称クワイ河鉄橋）。写真は1945年10月に撮影された時のもので、連合軍の爆撃で破壊された跡。タイからビルマに通じる泰緬鉄道建設では、連合軍捕虜のみならず、多くの現地人労働者を犠牲にした。後に、この橋は米映画「戦場に架ける橋」で知られるようになった（カンチャナブリ戦争博物館提供）

大和魂を徹底的にたたき込まれた軍人たちだ。日本にとっては因果なものだ。その存在は、今や亡霊のようでもある。

その亡霊について少し触れておこう。

第二次大戦前、長くイギリスの植民地下にあったビルマには、当然、独立を目指すインテリ青年らの抗英運動が存在した。旧日本軍の南機関（鈴木敬司大佐）は、そうした若者たちの悲願であるビルマ独立を支援し、日本の覇権を画策した特務機関である。ハリマオ対策で知られたタイ、マレー半島のＦ（藤原）機関と同様、メンバーはみな陸軍中野学校出身者で構成されていた。

後に〝建国の父〟と呼ばれたアウ

ンサン将軍（スー・チーの父親）やネ・ウィン元大統領ら若き「三十人の同志」のビルマ脱出、日本への亡命、次いでビルマ独立に備えての海南島での軍事訓練などは、すべて南機関の工作によるものである。そして、ひとたび開戦となるや、「三十人の同志」を中心にタイのバンコクで〝ビルマ独立義勇軍〟を編成、日本軍とともにラングーン入城を果たさせたのも、外ならぬ南機関だった。

＜アウンサン将軍＞
ヤンゴン（ラングーン）の中心街には、暗殺された“建国の父”アウンサン将軍の像が人々を見つめている＝1995年9月、松本逸也撮影

　日本軍占領下に創設されたばかりの「ビルマ独立軍」は、軍隊とはいえ、ただ烏合の衆であった。ビルマ独立を前に、一人前の将校を育てる必要が日本側にもあった。その一環として生まれたのが、ミンガラドンの旧英軍兵舎を利用して作られた予備士官学校だ。

　第一期生として三百人、第二期生四百人を入学させ、その中から、優秀な生徒を選んで神奈川県座間市にあった陸軍士官学校に留学させたのである。この制度も日本の敗戦で一、二期合わせて七十人で断ち消えとなったが、後に軍・政府の要職を独占した彼らの間では、今でも「陸士五十七期」「陸

＜英国風建物＞
英国が建設したモダンな建物の前で記念写真におさまる日本兵。ホテルか役所ではないかと思われる。ラングーンを占領した日本軍はコンクリート造りの立派な建物を次々に接収、軍施設として利用した（坂本弥一さん提供）

士五十八期」と呼ぶことに誇りを感じているのである。

さて、日本軍がビルマに進駐したのは、太平洋戦争開戦から三カ月後、一九四二年（昭和十七）三月のことだ。八日には首都ラングーン（ヤンゴン）が陥落、五月一日には北部の旧王都マンダレーに第十五軍の飯田祥二郎中将が入城した。そもそも、ビルマへの進攻は、中国の蒋介石政権に対する連合国側の軍事補給路としてのビルマ・ルート、いわゆる〝援蒋ルート〟の遮断と、大東亜共栄圏の西端防衛が、その目的であった。

ビルマ戦線というと、インパール作戦や竹山道雄の小説『ビルマの竪琴』、泰緬鉄道のことはよく語られるが、ビルマやマレー半島、仏印（インドシナ）など南方に鉄道網を張り巡らせた「南方軍鉄道隊」の実態となると意外に知られていない。

私が、偶然、『戦うビルマ鉄道隊』（柳井潔編）という八百六十ページもの分厚い本と出合ったの

＜ペッブリの捕虜収容所＞
1942年ごろ撮影。連合軍捕虜には、香港、シンガポール、インドネシアで捕虜になったオーストラリア兵、オランダ兵、イギリス兵がいた。雨だけをしのぐニッパヤシの家での生活は厳しかった（カンチャナブリ戦争博物館提供）

は、ある日、ぶらりと訪れた名古屋のとある古本屋であった。旧国鉄出身者ら軍属で構成されていた第五特設鉄道隊・工務隊（乙三）のメンバーが、二百八十編もの体験記を寄せ合って、一九六二年（昭和三十七）にまとめたものだ。無性にその本が欲しくなったのは、表紙に描かれた、北部ビルマのある風景に鮮烈な記憶があったからである。

そのことは後述するとして、旧日本軍の鉄道隊とは一体、どんなものであったろうか。

タイ国立公文書館に残されていた旧日本軍の機密文書を元に著した『泰緬鉄道』（吉川利治著／同文舘）によれば、鉄道隊の歴史は古く、日清戦争直後である。朝鮮、満州で兵力の集中、移動に輸送手段を欠いていたのを陸軍が痛感し、戦争終了後の翌一八九六年（明治二十九）に鉄道大隊が編成されている。一九〇〇年（明治三十三）に清国で義和団の乱が勃発した時には、この鉄道大隊が派遣され、北京―天津間の線路の一部を修理したのが最初の出兵という。

一九〇四年（明治三十七）の日露戦争では、韓国のソウルと満州国境の新義州間の鉄道を敷設。日露戦争後は、清国の抗議を排除して、満州の広野にその手を伸ばした。後に軍から管理を任された南満州鉄道株式会社（満鉄）によって朝鮮半島の鉄道とドッキングした。

鉄道隊が続々、編成され、東南アジアへも出陣するきっかけとなったのは、ガダルカナルの敗退（一九四三年）後、輸送船が次々に撃沈され、海上輸送が困難になったためだ。

最終的には鉄道二十個連隊・独立大隊三十合わせて実員数約二十万人の大兵力であった。その中で東南アジアに

＜小数民族と日本兵＞
1942ごろ撮影。泰緬鉄道建設に従事した鉄道第9連隊の日本兵とタイ・ビルマ国境の小数民族。人口の3分の2はビルマ族だが、その周辺にはシャン、カレン、カチン、モン、チン、アカ、ラフ、ガドゥ、ダナン、ムロ、ナーガなど約50の小数民族が住んでいる。戦いに敗れ、傷を負い、タイ側に逃げ帰った日本兵の多くが彼らに助けられたりしている（カンチャナブリ戦争博物館提供）

＜水浴の女＞
サガインのイラワジ河沿いで水浴するビルマの女性たち。肌を見せないように、巻スカートのロンジーを上手に操る光景は、昔も今も変わらない＝サガインで（坂本弥一さん提供）

送られた「南方軍鉄道隊」は、第五から第十一連隊まで。行き先は、シンガポール、仏印、フィリピン、スマトラ、マラヤ、それにタイ、ビルマ。中で特筆されるのが、捕虜虐待と難工事で熾烈を極めた泰緬鉄道やビルマの最前線に従事した経験豊富な第五連隊（一九三八年編成、千葉）と第九連隊（一九四一年編成、津田沼）である。

そして、戦線の拡大に尖兵の役割を果たした鉄道隊に寄り添うように、路盤建設や敷設された鉄道の保守を担当していたのが、満州では満鉄であり、ビルマなど東南アジアでは「特設鉄道隊」であった。両者はまさに二本の線路を突っ走る列車の両輪のようであった。

元満州の関東軍司令部鉄道主任参謀で、後の南方軍鉄道隊参謀長・広池俊雄は、その著『泰緬鉄道戦場に残る橋』（読売新聞社）で、特設鉄道隊の必要性をこう述べている。

「もし満鉄がなかったら、あんなすばやい満州制圧はできなかったはずだ。鉄道隊が占領するはじから満鉄がすぐ、それを引き受けてくれた。新線建設でも、労務者集めのベテランだった満鉄が路盤を作ってくれた。戦火が中国に広がると、また満鉄が進出してきて朝鮮・満州の車両を融通して、どんどん中国に入れてくれた。中支（中国中部）となると、国鉄も乗り出してきて、軍の後方鉄道を持ってくれた。ところが、こんどはそうは行かない。南方に満鉄はなかったし、国鉄もあまりに遠い存在だった」

＜傘＞
雨の日に傘をさして通りを行くラングーンのビルマ人家族（坂本弥一さん提供）

広池の要望に応えるように特設鉄道隊の編成が決定したのは、一九四一年（昭和十六）六月六日の大本営陸海軍部の「対南方施策要綱」であった。当時、大本営陸軍部第九課長（鉄道隊）だった山本清衛大佐の発案という。

山本の構想は、二千名の一個部隊を五個部隊編成し、北方と南方地域とに分け、第一・第二・第三部隊を北方に、第四・第五部隊を南方に派遣するというものだ。第一特設鉄道隊は満鉄出身者、第二は朝鮮鉄道、第三は東京以北の仙台および札幌鉄道局、第四は東京以西名古屋および大阪鉄道局、第五は大阪以西の広島および門司鉄道局管内の国鉄職員を主体として、これに大工、トビ職などを加えるというものだった。各特設鉄道隊の隊長には鉄道隊の将校があたった。

乙三部隊（軍人三十八名、軍属七百四十一名）は、仏印のサイゴン（ホーチミン）からプノンペンに向かい、一九四一年（昭和十六）十二月八日未明、タイ・カンボジア国境を越えて、九日夕にはバンコクに進駐している。その後、マレー進攻作戦、泰緬鉄道建設に従事し、インパール作戦のために北部ビルマのアマラプラに本拠を構えた。アマラプラはマンダレーの南十一キロにある街で、十八世紀後期には短い間だが王都として栄えたところだ。英印軍とはイラワジ河を挟んで睨み合う格好になっていた。

真っ赤な火炎樹の花が咲き乱れるこの街は、多くの日本兵にとって、対岸のサガインとともに印象強い土地だったようだ。『戦うビルマ鉄道隊』からはその思いが伝わって来る。

「イラワジの対岸には、女性的な姿をしたサガインヒルが見える。緑の山中に点在する白亜のパゴダは、朝日に輝き、夕日に映えて一幅の絵画のようだった。

<船上の日本兵>
ラングーンに停泊中の船上で何を想うのか（坂本弥一さん提供）

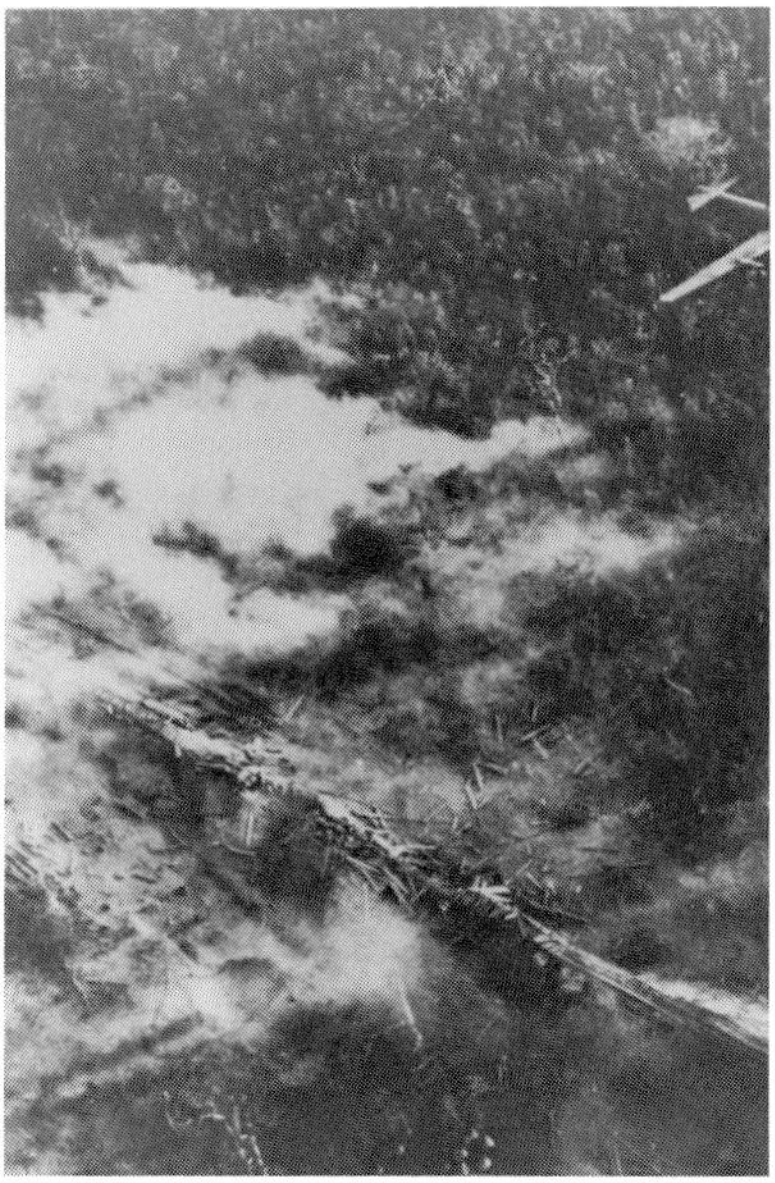

右：<英軍の反撃>
1945年3月、マンダレーから南150キロのミークチラに駐留する日本軍に向けて反撃をする英軍部隊（駐ミャンマー英国大使館提供）
左：<空爆>
連合軍の空爆にあい、爆破されるタンビュザヤット（現ビルマ領）の南16キロにあった60メートル余の木橋（カンチャナブリ戦争博物館提供）

パゴダ（仏塔）の鈴が、そよ風にゆれて鳴り響くのを聞きながら、これらの景色を眺めると、極楽浄土を思わせるものがあった」（北川圭一・鉄道官）

「当時アマラプラは地域的にも敵空襲に対しては安全圏であり、夜を昼に次いでのミンゲやマンダレーの爆撃を所謂対岸の火災と言った気持で眺めていた。アマラプラは亦となき和と静の境地であったが、一面心の一部に厭戦心理が蠢動し始めた所とも言える」（杉本直司・衛生兵長）

ところが、一九四四年二月を境に戦局は急激に悪化する。乙三材料隊長だった市川里美は、次のように述懐する。

「……ラングーンから、任地アマラプラに向け出発したのは（一九四四年）二月二十八日の朝である。乾季で水田は地割れし、道端の草は黄色く枯れていた。沿線至る処、駅、橋梁が爆撃されていて、戦地へ来たと云う感一入《かんひとしお》だった。昼は退避し夜だけ運転される列車に乗った。……交代要員として遥々ビルマまで来た我々であったが、戦局の推移は我々を増強要員と変え

＜サガイン鉄橋＞
イラワジ河にかかる道路・鉄道兼用の橋と、河で洗濯する地元民。1934年、英軍によって建設された。マンダレーから12マイル西にあり、全長約1キロ。英名でアバ（AVA）橋とも呼ばれる。1942年には日本軍の進駐を阻むため、英軍が橋の一部を爆破したが、戦後、修復された。サガインは14、18世紀に数年間、王都として栄えた（坂本弥一さん撮影）
＜サガイン鉄橋＞
イラワジ河にかかる英軍の架けたアバ橋は歴史をずっと見続けて来た。50年たってもその風景は変わっていない＝1995年9月、松本逸也撮影た。インパール作戦が始まった直後のこととて、ミッチナ方面への移動も活発で、意気天を衝くものがあった、しかしやがて雨季となり、我が軍はインパールに迫り乍らも後方の補給線を断たれ、英印軍の攻撃の前に、射つに弾丸なく、食う米なし、兵器、資材も投げ棄てて、上官や戦友をかえりみる暇とてなく、敗走しなければならなかった。痩せ衰えた、ヒゲぼうぼうの兵隊達がこのアマラプラに見えるようになったのは、七月に入ってからのことであった」

インパールの大敗が、戦局にダメージを与えたのは言うまでもない。しかし、強硬な作戦遂行を巡って陸軍内部に亀裂が入ったことが、軍の戦意をさらに喪失させ、日本は敗戦へと奈落の底に転げ落ちて行くことになるのである。

九五年九月、ミャンマーを初めて旅した。お供は、セピアに変色した数枚の写真である。この写真は、ビルマに進駐した山形出身の兵士が戦地から持ち帰ったものだ。持ち主は既に亡く、写真の細かな説明は分からない。ところが、その中の一枚が、ふとした事から、数あるビルマ戦記から、私に「南方軍鉄道隊」を書かせる切っかけとなったのである。

九月のミャンマーはまだ雨季。といっても日本の梅雨とは違う。時折、バケツをひっくり返したように降ったかと思うと、赤い大地を太陽がギラギラ焼き尽くすといった具合だ。ヤンゴンからマンダレー、サガイン、そして仏教遺跡で名高いパガンまで、かつて日本兵たちが重い足取りで行軍した道に、私自身も歩みを重ねた。

殊の外、マンダレーには思い入れが深かった。写真の何枚かが、戦時下のマンダレーで写されていたからである。王宮前、マンダレー・ヒル、そして、一枚の鉄橋の写真……。

マンダレーで古老を訪ねた折、その鉄橋の写真を見せた。八十七歳になるB・A・ウィリアムスは、英国とビルマの混血じいさんである。かつて、カソリックの聖ピーターズ学校の教師をしていたインテリだ。特に十九世紀の郷土史に詳しいという。

その彼が、鉄橋の写真を見るなり「あー、それはサガイン鉄橋だ」と言った。そして、「写真師フジイが写したものかも知れない。彼は私の友人だった」と付け加えた。

「写真師フジイ?」

「そう、戦時中、ここでフォトスタジオを開いていたフジイだ。彼も日本軍のスパイだった。敗戦の直前にあわてて帰国した。今、生きていれば八十は過ぎているだろう。その他にスギイという歯科医も、戦前のマンダレーに早くから住んでいた」

サガイン鉄橋は、サガインとアマラプラを結ぶイラワジ河にかかる橋だ。一九三四年、英軍によって建造された橋で、今も昔も鉄道・道路両用の橋である。赤茶色をしたイワラジ河に当時のままの姿で残っていた。

私は、写真が撮られた場所に立った。新旧を比べることで、そこに五十年という時間の流れを感じてみたい。そう思って、ビルマくんだりまで、この写真を持ってやって来たのだ。が、驚いたことに、写真と目の前に広がる光景に何の違いもないのだ。ただ洗濯をしていた半世紀前の女たちに代わって、今、そこにいるのは河で戯れる子供たちであるだけである。鉄橋も、サガイン・ヒルも、そして、その丘の白いパゴダ群も、何もかもが五十年前と変わらないのである。

サガイン・ヒルに登った。うねうねと続く寺院の回廊を爽やかな風が、汗ばんだ身体を癒すようにやさしく吹き抜けて行く。頂上のパゴダは、インパール作戦で英印軍と戦って死んだ日本兵の慰霊塔

＜日本降伏＞
1945年8月30日、ビルマ国内で英印軍に降伏し、軍刀を手渡す日本軍将校（駐ミャンマー英国大使館提供）

になっていた。パゴダには無数の名が刻まれていた。ビルマ戦線での戦没者は十八万人を数えた。案内役の寺守り老人によれば、この地に駐屯していた日本兵も、よくこのサガイン・ヒルに登ったという。

『戦うビルマ鉄道隊』の表紙に描かれていた風景とは、実は、サガイン鉄橋だったのである。写真と少しばかり様子が違っていたのは、一九四二年（昭和十七）、日本軍に追われ、退却する英軍が自らの手で橋を爆破したため、イラワジ河にその無残な姿をさらしていたことだけである。

――そもそも、鉄道敷設には、輸送手段としてだけではなく、沿線の権益獲得がその背景にある。日本軍の勢力を扶植、拡大し、傀儡国家を樹立した満州のように、泰緬鉄道を建設し、ビルマにその網を広げて行ったのは、ビルマを〝南の満州国〟に仕立てようとした旧日本陸軍の思想だったのだ。

この時、首都ヤンゴンはまさに建設ラッシュであった。翌九六年の観光年で一気に経済復興に弾みをつけようとしている最中だった。

友人の紹介で、現地で貿易を営むビルマ人一家に世話になった。男ばかりの四人兄弟で、それぞれの妻がみな日本に出稼ぎに出ているという凄まじい家族である。妻からの仕送りと、彼らが船員として稼いだ資金を元に日本から中古車などを輸入する会社をこのほど設立した。近々、ミネラルウォーターのボトリング会社も、と夢を描いているビジネスマンたち、とにかく忙しい家族だった。車の中で、路上で、レストランで、携帯電話を片時も離したことがない。それなのに客人の私へのサービスは満点なのだ。

が、そんな彼らにしても、「アウンサン・スー・チーの屋敷を見たい」という私の願いには、ただひたすら「デンジャレス・ゾーンだ」と言って苦笑いし、決して近づこうとはしなかった。ビジネスマンにとって、政治は触れてはいけない世界なのである。

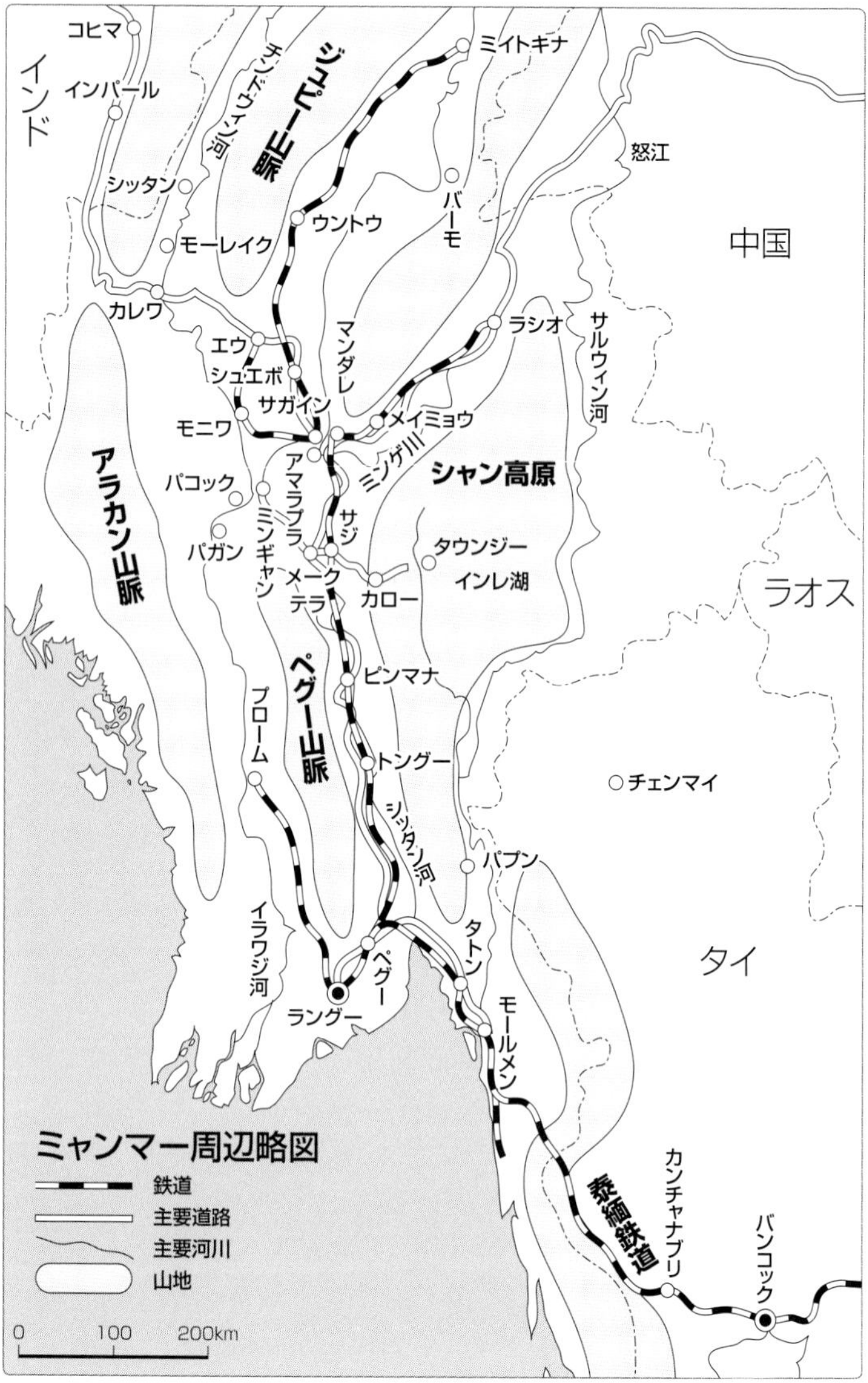
ミャンマー周辺略図
鉄道
主要道路
主要河川
山地
0 100 200km
インド
中国
ラオス
タイ
コヒマ
インパール
シッタン
モーレイク
カレワ
チンドウィン河
ジュピー山脈
ミイトキナ
ウントウ
バーモ
怒江
ラシオ
サルウィン河
マンダレ
エウ
シュエボ
サガイン
モニワ
メイミョウ
ミンゲ川
シャン高原
アラカン山脈
アマラプラ
パコック
ミンギャン
サジ
パガン
タウンジー
インレ湖
メーク
テラ
カロー
ペグー山脈
ピンマナ
プローム
トングー
チェンマイ
シッタン河
パプン
イラワジ河
ペグー
タトン
ラングーン
モールメン
泰緬鉄道
カンチャナブリ
バンコック

10 "南の満州国"への野望

日本・ミャンマー(ビルマ)関係年表

1886(明治19年)	英、ビルマ(ミャンマー)とインドを併せ植民地支配を行う
1894(明治27年)	日清戦争勃発(1895年終結)
1906(明治39年)	【南満州鉄道株式会社設立】(開業1907/1/4)
1920年代	民族主義運動台頭
1937(昭和12年)	インドより分離
1938(昭和13年)	4月【日本軍・鉄道第5連隊が千葉で編成】
1939(昭和14年)	9月 欧州で第2次世界大戦勃発
1940(昭和15年)	9月 日本軍仏印へ進駐
1941(昭和16年)	2月「大東亜共栄圏」構築のための交通体系を目指す東南アジアでの交通政策要綱を閣議決定/6月 大本営【特設鉄道隊設置を決定】/9月【鉄道第9連隊が津田沼で編成】/10月【国鉄出身軍属部隊、大阪港を出港、ベトナムへ】/12月 日本軍タイ領に進駐(8日)アウンサン、ネ・ウィンらビルマ独立義勇軍結成
1942(昭和17年)	1月【南方軍野戦鉄道隊を編成、バンコクに司令部を設置】/2月シンガポール占領(15日)/3月 ラングーン占領(8日)/5月 日本軍ビルマに軍政をしく。ビルマ独立義勇軍の解体を命令/7月【泰緬鉄道建設を事実上強行着工(5日)】/8月 日本軍、ビルマにバー・モウ政権を樹立。【大東亜建設審議会が「アジア縦貫鉄道」を構想】/11月 大東亜省を新設
1943(昭和18年)	2月【大本営、泰緬鉄道建設工期の4か月短縮を命令】/7月 東条英機首相、タイ訪問/8月 バー・モウを国家元首にビルマ独立(日本軍政下)/10月【泰緬鉄道完成】
1944(昭和19年)	1月 大本営、インパール作戦認可/7月 大本営インパール作戦中止を命令/12月 カンチャナブリ、連合軍の大空襲を受け、泰緬鉄道が破壊さる
1945(昭和20年)	3月 ビルマ国内で反日蜂起/8月【日本降伏】
1948(昭和23年)	ビルマ連邦共和国として英より独立
1962(昭和37年)	ネ・ウィン将軍による軍事クーデター。社会主義化始まる
1974(昭和49年)	ビルマ連邦社会主義共和国。ネ・ウィン将軍大統領に就任
1988(昭和63年)	ラングーン(ヤンゴン)で学生らが民主化を要求して反政府デモ
1989(平成1年)	6月 国名をミャンマー連邦に変更(首都ラングーンはヤンゴンに)/7月 軍事政権、国民民主同盟書記長アウン・サン・スー・チーさんを自宅軟禁
1995(平成7年)	スー・チーさん解放。96年を観光年に指定。観光誘致をはかる

本文中の『泰緬鉄道』などからの引用文は原文のまま表記してあります。

「麻王国」の繁栄と終焉

――かつてフィリピン・ミンダナオ島に日系の二大プランテーションがあった

「脱亜」の群像 11

戦後五十年を経て一九九五年、やっとフィリピン残留日本人二世に日本国籍が認められた。彼らの多くが住んでいるフィリピン・ミンダナオ島のダバオには、父たちが汗を流して築いたマニラ麻（アバカ）の巨大プランテーション跡が廃墟となって残っている。

敗戦でフィリピン政府に資産を接収されてしまったが、二つの日系プランテーションだけで、最盛時にはダバオにおけるマニラ麻生産量の六割を占めていた。

二十世紀初頭から本格的にはじまった日本人移民の汗と涙によって戦前、南海の島に「麻王国」が存在したのだ。だが、王国建設への道は決して平坦なものではなかった。

終戦直前、ダバオには約二万人の日本人が住んでいた。その多くがマニラ麻産業にかかわっていた。そこでは「太田興業」と「古川拓殖」という日系の二大プランテーションが大々的にマニラ麻の生

＜伐木作業＞
うっそうと繁るラワンの巨木に棚木をかけ、斧を入れる邦人労働者。気の遠くなるような作業だった＝昭和初期、ダバオ州テブンコで（古川拓殖提供）

産を競っていた。

そもそもミンダナオへの日本人移民は、一九〇三年（明治三十六）、アメリカ統治下のフィリピンでベンゲット道路（注1）建設に労働者として渡った日本人が道路完成と同時に職を失い、新たな職を求めて流れたのがその起源だ。道路が完成する一九〇五年までに海を渡った日本人労働者の数は三千人を越えた。厳しい自然環境と難工事、苛酷な労働で、その内、数百人もが犠牲になったといわれる。

それでも移民の流れは途切れるどころか、年々増え続けた。背景には、当時の経済恐慌や東北地方の度重なる凶作などがあった。

<ダバオ開拓の父>
太田恭三郎

<蒸気機関車>
伐採されたラワン材を運び出すためレールが敷かれ、“スティーム・ドンキー”と呼ばれた蒸気機関車がトロッコを引いた。レールは、船着き場まで延々と敷かれていた＝1941（昭和16）年ごろ、ダバオ市テブンゴで（古川拓殖提供）

ところが、道路完成とともに多くの「ベンゲット移民」は失業。半数は帰国したが、半数は日本までの旅費すら捻出出来ず、大工、工夫、農業労働者、行商などの職を求めてフィリピン各地に散って行った。

そうした労働力に目をつけたのが、後に〝ダバオ開拓の父〟と呼ばれることになる太田恭三郎（一八七六～一九一七）である。兵庫県生まれの太田は、東京高商を二年で中退し、一九〇一年（明治三十四）七月、オーストラリアの木曜島から香港を経由して

＜倉庫群＞
麻を仕分けし、俵に詰める大倉庫。長さ148メートル、幅40メートルの立派な倉庫は、今でもそのまま残っている。中央屋上には10馬力のサイレンと灯台が備わっている。余りの大きさに「格納庫ではないのか」と疑われた＝1933（昭和8）年、ダバオ市ダリアオンで（古川拓殖提供）

マニラに入っている。木曜島には一八八三年（明治十六）以来、真珠貝取りの日本人漁民が集団移住していた。アジア雄飛を夢見ていた太田も退屈な大学生活を捨て真珠採掘業を試みたが失敗し、その帰途、マニラに立ち寄ったのだった。

当時、木曜島をはじめ、農業移民としてクィンズランドへ、ニッケル鉱山の鉱夫としてニューカレドニアへと豪州方面への日本人の進出が盛んに行われていた。ちなみに一八九七年（明治三十）の記録を見ると、アジア・オセアニア地域への日本人の進出状況は、豪州が圧倒的で三三八四人。続いて旧英領マレー一〇八〇人、旧蘭領インドネシア一二五人。フィリピンはまだ三〇人しかいない。

しかし、太田がマニラに渡った頃の東アジア情勢は激しく動いていた。日清戦争に勝利した日本は富国強兵策に邁進、ロシアとの間で朝鮮半島、満州をめぐり日に日に緊張を高めていた。

フィリピンは米西戦争（一八九八年）によってスペインからアメリカ領になったばかりであった。フィリピン側にしたら、ただ主人が入れ替わっただけで、植民地であることに変わりはなかった。

マニラは空前の建設ブームに沸いていた。新宗主国アメリカが、まず植民地政策の柱としたのが英語教育だ。全国津々浦々に小学校を建設した。スペイン統治時代、教育を受ける機会を制限されていたフィリピン人にとって、これは歓迎すべきことだった。が、これがアメリカ資本によるフィリピン経済の全面支配のはじまりであった。そして、植民地支配の基礎となるのが、道路、鉄道、港、電気・通信、上下水道施設などのインフラ整備だ。ベンゲット道路

＜動力ハゴタン＞
それまで木とナイフを組み合わせたような「手挽きハゴタン」で麻の繊維を挽き出していたが、手作業では一人一日、10キログラム程度しか挽けなかった。が、1920年代後半に「動力ハゴタン」と呼ばれた機械が誕生したことで一気に12倍もの生産力をもった。「動力ハゴタン」は太田興業の川原賢一郎が考案した＝昭和初期、ダバオ市ダリアオンで（古川拓殖提供）

もその一つである。

太田はマニラに住み、雑貨店をオープン。スペイン語、英語に堪能な太田は米軍に取り入って、ベンゲット道路工事の日本人労働者相手に物資を調達する御用商人になる。が、ベンゲット道路は日本人が参加してから一年余で完成する。

太田が日比間の移民史に登場するのはそれ以後のことだ。

道路完成で職を失った日本人たちの存在は、深刻な社会問題となる危険性をはらんでいた。その「ベンゲット移民」の救済策として、太田は労働力不足に悩むダバオのアメリカ人農園に同胞を送り込んだのである。当時、ダバオ周辺にはアメリカ軍の退役軍人四十八人がバナナ、パイナップル、マニラ麻などの農園を経営していた。アメリカ軍には、植民地になったばかりのフィリピン経営の一環として当時、除隊する兵士、将校に現地定着を進めるという空気が強かった。ちょうどアメリカ西部の開拓精神にも似たものであろうか。

マニラ麻の元になるアバカは、植え付けてから約一年半後に収穫期を迎えるのだが、そのままにしておくと腐ってしまう。その取り入れは重労働で、慢性的な労働力不足にアメリカ人経営者は頭を悩ましていた。その穴を埋めるにはベンゲット移民の日本人らがもってこいなのだった。日本人労働者が登場するまでは、バボゴ族ら先住民族を使っていたが、近代的な労働観念のない彼らに頼るには心許無かった。

ところが、成熟したアバカの幹を薄く剥いだ皮から繊維を取り出す「麻挽き」と呼ぶ作業は凄まじいものだった。当時はすべて手で挽いていた。そういった作業をこなしていた日本人労働者の体力消耗は著しかった。加えて厳しい熱帯の気候風土が追い打ちをかけた。一九〇五年だけでも五十人がマ

<歓迎宴会>
1938（昭和13）年11月29日、マニラ麻の取引商米人マスカン氏夫妻（右側手前から4人目と6人目）の来社を記念してマニラ・ホテルで開かれた豪勢な歓迎宴＝マニラで（古川拓殖提供）

ラリアで死亡している。

ただ単に出稼ぎ労働者として、こき使われるのではなく、移民として本格的に当地に根を生やし、発展するには労働力提供だけでは解決策は見い出せない。日本人が土地を所有し、自らアバカを栽培する必要があった。

しかし、フィリピンで外国人が土地を所有することは法律で禁止されていた。この窮状をどうやって打破したらいいのか。太田は悩んだ。そして、フィリピン会社法で法人を設立すれば一〇二四ヘクタールまでの土地を所有出来ることを知る。

一九〇七年、太田は栽培業、雑貨卸小売業、輸出入業、漁業を業務とする資本金十万ペソの太田興業をダバオに設立。一〇一五ヘクタールの土地を手に入れる。フィリピンにおける初の日本人農園の誕生である。

＜晩年の古川義三＞
ダバオに古川拓殖を創立した古川義三。戦後再び、麻栽培の夢をエクアドルに賭けた（古川拓殖提供）

太田興業の進出は、それまでのアメリカ独占の市場にトゲのような小さなクサビを入れる結果となった。その後、太田興業の取り入れた革命的な経営がじわじわとアメリカ人農園を脅かすことになる。太田は自社の農地を日本人に貸し渡し、アバカを栽培させるという自営者耕作法、請負制を導入。生産した麻の売り上げ金の一割を地代として徴収するという一種の小作制度である。働いた分だけ収益が増えるこの方法は多くの日本人に受け入れられ、ベンゲット移民のみならず本国からの新たな移民の流入を促すこととなった。

さらに、それまで手挽きでやっていた麻の繊維の抽出を機械化することで、生産量を飛躍的に伸ばしたことも日系農園の拡大に拍車をかけた。

十数年後には太田興業とともにダバオのアバカ産業を二分することになる古川拓殖がダバオに進出して来たのは一九一五年（大正四）。創業者の古川義三（一八八八〜一九八五）は滋賀県出身で、この時、東京帝大林学科を卒業してそれほどの歳月もたっていなかった。学生時代からアバカに興味をもっていた古川は、伊藤忠、丸紅などからの出資でマニラに古川拓殖を設立した。

古川拓殖が進出する直前のダバオの日系農園の実態は、発展したとはいえ十二社、耕作面積もまだ六千ヘクタールにすぎない。邦人人口も四百人ほどであった。

<軍需用>
当時、マニラ麻の最大の需要は艦船用ロープであった。マニラから軍人が古川拓殖会社を見学に来ることがよくあった。1942（昭和17）年、ダバオ市ダリアオンで（古川拓殖提供）

古川は、太田興業本社のあるタロモから南西へ十キロほど、海沿いのダリアオンを本拠地にした。耕地面積百ヘクタールに日本人麻挽き労働者十人、フィリピン労働者五人、モロ族労働者七人からのスタートであった。

古川が、マニラ麻出荷のため二年後に桟橋を建設するダリアオン港や周辺のアバカ栽培の好適地を手に入れることが出来た陰には、急激にのし上がって来た太田興業に対するアメリカ人農園主たちの思惑があった。

古川義三は、その著『ダバオ開拓記』（昭和三十一年、古川拓殖）の中で、その時のことをこう記している。「太田興業は……太田恭三郎氏の経営で、内外人誰も同社に対抗が出来ず、ダバオは同社の独占舞台の形で一般の不満足を買い、これに対抗する者を望んでいた。其処に著者が飛び込んだので種々便宜を計り、ダバオに定着せんことを望んで、ビエダッド耕主の米人マクフィーは、当時のケンタッキー耕地支配人ソボロフを説き、蔭で著者に同耕地を買わしむるよう努力した」

太田興業の激しい妨害にもめげず、古川の急成長ぶりは目を見張った。ダバオで最も古いスペイン人農園主らから隣接する農地を次々に買い上げ、三年後の一九一八年には一〇一〇ヘクタールを所有するまでになった。

古川のダバオ進出は時代に乗っていた。第一次世界大戦である。大戦が進むにつれ物価が高騰、軽くて水に強いマニラ麻は船のロープに最適で軍需用として飛ぶように売れた（注2）。市価もうなぎ登りだった。

一九一〇年一トン当たり平均輸出価格が二百五十七ペソだったのが、一八年には六百九十六ペソに高騰。同じように輸出量も一九一〇年にはフィリピン全土の〇・〇四％でしかなかったダバオ産の麻

＜ヨーイ・ドン＞
運動会の競走でスタートラインに立った女性たち。子供や古川拓殖社員のフィリピン人妻の顔も見える＝1936（昭和11）年4月、ダバオ市ダリアオンで（古川拓殖撮影）

＜仮装行列＞
運動会の余興にはよく仮装行列が催された。桃太郎や侍姿、仙人も……＝1936（昭和11）年4月、ダバオ市ダリアオンで（古川拓殖提供）

が、一九年には十三%を占めた。それに金回りのよくなった日本企業からの南方方面に対する投機熱も急激に高まった。

合わせるように太田と古川の熾烈なライバル戦争は日に日に激化。パイオニアとしての太田は、新興勢力の古川に負けじとばかり次々に傘下を増やして行く。しかし、勢力拡張には資金もかかり限界があった。それに創業者の太田恭三郎が急死したことや、一九一九年の公有地法改正が両社の関係を大きく変化させた。同法の改正によって日本人の土地取得が大幅に阻止されたためである。日本人同士が内輪もめしている場合ではなかった。

そこに窮余の策として浮かんだのが「パキアオ」と呼ばれる伝統的な土地経営法の借用だった。フィリピン人が租借した公有地の開拓を日本人が請け負う。麻が成熟したら、名義人（フィリピン人）が日本人に開拓料を払って農園を引き取るという一括的な下請方式である。料金が払えない場合、開拓者（日本人）がそのまま二十五年間、農園を経営するという法の抜け道だ。実際に開拓料が払えず、日本人が事実上、農園主となるのが常套だった。

少し脱線するが、米国はスペ

＜記念碑＞
大正15年に建立された太田恭三郎を顕彰する記念碑は今でもそびえたっている＝1994年6月15日、ダバオ市ミンタルで、松本逸也撮影

イン統治時代に発達した大地主制のプランテーションが長年、フィリピン人を苦しめてきたためアメリカ統治になってすぐ公有地法を制定（一九〇三年）。法人の所有地を一〇二四ヘクタール、個人の所有地を二十四ヘクタールに制限した。そして、今、触れたように一九一九年には更に厳しい制限を加えた改正法を制定した。

ところが、今ではトマトケチャップで知られるアメリカ企業デルモンテ社は一九二六年にパイナップル園として何と八千ヘクタールを所有しているのである。このことは『バナナと日本人』（鶴見良行著／岩波新書）に詳しいが、ことの真相は米軍に働きかけ、農地を基地に指定させ、米軍から租借するという形をとったからだった。

<弾痕>
麻を保管していたコンクリート倉庫の壁に掘られた古川拓殖会社のネーム「FURUKAWA Plantation Co.」の略称であるFPCに向けて撃ち込まれた戦争時の銃弾の跡が生々しく残っている＝1994年6月15日、ダバオ市ダリアオンで、松本逸也撮影

事ほど左様に、日本とアメリカ、太田と古川は競って土地所有に狂奔する。その結果、最盛時の一九三八年（昭和十三）には太田、古川両社の実質の耕作面積は合わせて六万三千ヘクタールにも達した（約半数が土地を不法利用したパキアオによる収穫）。両社傘下の農園会社も六十五社に上り、マニラ麻の生産量も二社だけで年六万トンを越えた。これはダバオ生産量の六割を占めるほどだった。二十数年前、太田の独占を食い止めるため、陰で協力したアメリカ人農園主の思惑は見事に外れ、逆にダバオの麻市場を日本企業二社に完全に支配されてしまったのである。

太田、古川両社は、その後も栄華を極め、ダバオの邦人人口も約二万人に膨れ上がった。両社の従業員とその家族だけでも二千人を軽く超えた。そして、独身男性は〝写婚〟（写真結婚）により祖国から妻を迎えたり、土地問題と経営規模拡大を図るため現地バゴボ族の女性と結婚した。

また、太田本社のあったタロモや古川のダリアオンには、港湾から道路、電気、電話などが両社の手によって整備された。邦人のための病院が四つ、仏寺五カ所、領事館も開設（一九二〇年）、日本人会も組織され、日本人小学校も一九三七年（昭和十七）にはダバオだけで十三を数えた。

アメリカがフィリピンを領有後、〝未開の野蛮な土地〟と呼んだミンダナオのダバオは、たったの四十年でマニラをもしのぐアジア・オセアニア地域最大の日本人コミュニティとなったのである。

しかし、その陰に今も続く歴史的な民族問題が存在することを、我々日本人はあまりにも知らなさ過ぎる。十九世紀末まで三百五十年間続いたフィリピンのスペイン支配に、徹底して抵抗したのがミンダナオ島に住むイスラム教徒たちである。カトリックのスペイン人は彼らを軽蔑して「モロ」と呼んだ。その「モロ」族は分離独立を叫んで、今でもクリスチャン・フィリピーノの中央政府に屈服していない。それをいいことにアメリカは土地入手が比較的容易なこの地に植民地政策を強引に押し付

<エクアドルの古川義三>
南米エクアドルの山林を開発、見事に育った麻畑に立った古川義三＝1982（昭和57）年（古川拓殖提供）

けて来たのだ。

前出の『バナナと日本人』は、そのあたりについて興味ある事実を記している。「かつて一九〇〇年代にイタリアからの移民をアラスカに導入したように、黒人をここに植民しようなどという議論が一九二〇年代の米国議会で行われていた」

当然のように原住民からの反発を招いた。アメリカ人同様、邦人もその標的になった。一九一八年から四年間にテロによって殺害された邦人の数は百名を下らなかった。

日本の二大プランテーションは、そうした米帝国主義と民族闘争の隙間に咲いた大輪の花のようでもある。しかし、いずれにせよ先住民の土地を収奪しての王国建設であったことは否めない。

アバカの繁る日本人コロニーはいつしか「満州国」になぞらえ「ダバオ国」とまで呼

ばれるようになる。ところが、ベンゲット移民以来、四十年かかって築き上げた王国を「あの戦争」がすべて消し去ったのである。

いま、南米のエクアドルで日本人の手によってマニラ麻が栽培されている。敗戦で総資産を接収された古川拓殖が、戦後、再起を賭けて現地に設立した新生・古川拓殖である。古川義三が、ダバオ産のアバカを南米の奥地に着床させるのに成功したのは一九六三年（昭和三十八）。七十歳を有に過ぎてからのことである。執念と言わざるを得ない。現在、年産三千トン。日本にも輸出されている。

（注1）マニラの暑さから逃れるため中部ルソンのベンゲット州バギオの高原に夏の首都を計画。そのためにはバギオへの道路が必要となり、一九〇一年、フィリピン人労働者を中心に着工するが、峻険な地形や天候など悪条件が重なり大幅に遅れた。新たに工事責任者となった米軍ケノン少佐が真っ先に雇ったのが、米本国で「安く、よく働く」と評判の日本人人夫だった。第一陣は一九〇三年十月十一日、山口県からの百十四人。総勢は三千人を超えた。結局、日本、フィリピン、中国人に多くの犠牲者を出して四年後に完成。「ケノン道路」ともいわれる。

（注2）船用のロープの他に服地、ティッシュ、高級用紙、タイプライター用紙、壁紙、電気の絶縁剤、紙幣、紅茶・緑茶のティー・パックなどに需要が広がっている。

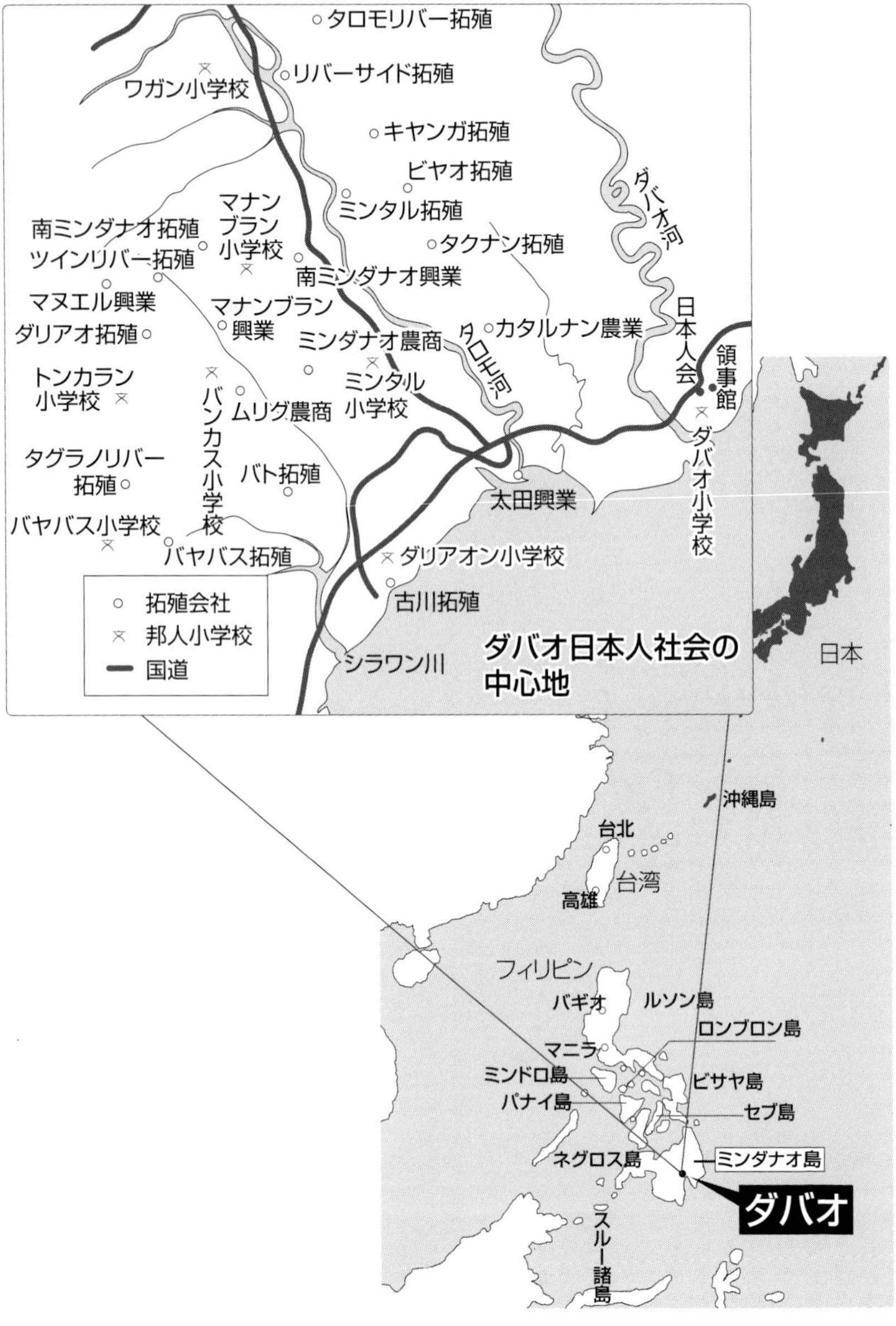

タロモリバー拓殖
リバーサイド拓殖
ワガン小学校
キャンガ拓殖
ビヤオ拓殖
ミンタル拓殖
ダバオ河
マナンブラン小学校
南ミンダナオ拓殖
タクナン拓殖
ツインリバー拓殖
南ミンダナオ興業
マヌエル興業
マナンブラン興業
日本人会
ダリアオ拓殖
カタルナン農業
ミンダナオ農商
タロモ河
領事館
トンカラン小学校
ミンタル小学校
バンカス小学校
ムリグ農商
ダバオ小学校
タグラノリバー拓殖
バト拓殖
太田興業
バヤバス小学校
ダリアオン小学校
バヤバス拓殖
古川拓殖
拓殖会社
邦人小学校
国道
シラワン川
ダバオ日本人社会の中心地
日本
沖縄島
台北
台湾
高雄
フィリピン
バギオ
ルソン島
ロンブロン島
マニラ
ミンドロ島
ビサヤ島
パナイ島
セブ島
ネグロス島
ミンダナオ島
ダバオ
スルー諸島

11 日系移民が築いた「麻王国」の繁栄と終焉

日比関係年表

1900(明治33年)	ベンゲット道路工事起工
1903(明治36年)	ベンゲット移民第1陣114人を乗せた八幡丸マニラ到着
1904(明治37年)	日露戦争はじまる(2/10)／太田恭三郎が麻栽培のため、邦人多数をダバオに送る(10/11)
1905(明治38年)	ベンゲット道路竣工(1/29)／日露戦争終わる(9/9)
1907(明治40年)	【太田興業株式会社設立】
1914(大正3年)	第一次大戦はじまる(7/28)
1915(大正4年)	【古川拓殖株式会社設立】
1917(大正6年)	マニラ日本人小学校創立
1918(大正7年)	ダバオ日本人会創立／第一次大戦終わる(11/11)
1924(大正13年)	ダバオ日本人小学校創立／マニラ日本人会創立
1931(昭和6年)	柳条溝事件発生。日本軍の満州侵略でフィリピンに反日感情
1936(昭和11年)	ダバオ邦人1万4000人余を記録
1939(昭和14年)	フィリピン全土の邦人数約3万人に
1941(昭和16年)	米大統領、フィリピン軍を米陸軍指揮下に編入(7/26)／日本軍、真珠湾を奇襲攻撃(12/8)／日本軍5万人、ダバオに上陸(12/20)
1942(昭和17年)	日本軍、マニラ占領(1/2)／日本軍、フィリピン全土に軍政布告(1/3)／日本軍、バターン半島攻略「死の行進」(4/9)
1944(昭和19年)	米軍、レイテ島再上陸(10/20)
1945(昭和20年)	米軍、マニラ突入(2/3)／米軍、ミンダナオ島に再上陸(3/10)／パナイ島イロイロ市郊外で在留邦人集団自決(3/21)／《終戦》玉音放送(8/15)／【太田興業、古川拓殖の在比総資産接収】
1946(昭和21年)	フィリピン独立(7/4)／【古川拓殖株式会社再建(大阪)】(10/8)
1956(昭和31年)	日比賠償協定、マニラで調印(5/9)
1958(昭和33年)	日本政府の第一次遺骨収集団出発(1/20)
1960(昭和35年)	日比友好通商航海条約・議定書調印(12/9)
1962(昭和37年)	日比親善で皇太子夫妻フィリピン訪問(11/5)
1963(昭和38年)	【古川拓殖、エクアドルでアバカ栽培開始】
1967(昭和42年)	日本企業の活動許可で三井物産が進出(3/17)
1968(昭和43年)	フィリピン航空(東京〜マニラ)運行開始(4/4)
1971(昭和46年)	日本政府の対比円借款、東京で調印(11/29)
1972(昭和47年)	マルコス大統領、フィリピン全土に戒厳令布告(9/23)
1974(昭和49年)	小野田寛朗元少尉ルバング島で投降(3/10)
1980(昭和55年)	ダバオでフィリピン日系人会結成
1982(昭和57年)	バキオで日系人の会「北部ルソン比日親善協会」結成
1985(昭和60年)	【古川拓殖の創立者・古川義三氏死去(97歳)】(8/11)
1986(昭和61年)	アキノ大統領就任
1988(昭和63年)	厚生省、外務省の「日系2世・在留邦人」のための調査団派遣
1995(平成7年)	フィリピン残留日系2世にやっと日本国籍

「脱亜」の群像 12

バンブアトンという名の楽園《パラダイス》

――タイの鉄条網なき日本人収容所
なぜこのような楽園が存在し得たのか

一九四五年（昭和二十）八月十五日。

この日は、殊の外暑かった。

作家・高見順は、〝日本のいちばん長い日〟を、日記にこう綴っている。

「十二時、時報。君ケ代奏楽。詔書の御朗読。やはり戦争終結であった。君ケ代奏楽。続いて内閣告諭。経過の発表。――遂に敗けたのだ。戦いに破れたのだ。夏の太陽がカッカと燃えている。眼に痛い光線。烈日の下に敗戦を知らされた。蝉がしきりと鳴いている。音はそれだけだ。静かだ」（『高見順日記』勁草書房）。

焼土と化した日本列島に、終戦を告げる玉音放送が流れる。多くの日本人は、初めて聞く天皇の声で敗戦の実感を味わった。反応は様々だった。やっと死神から解放されたと奇妙にはしゃぐ者、虚脱感に放心する者、あるいは宮城に向かい号泣する者など、〝天の声〟は様々な人間模様を描き出した。

＜水浴＞
収容所のそばを流れるクリーク（運河）で水浴する日本人たち。不思議なほど笑顔が絶えない＝1946年（昭和21）、バンコク郊外のバンブアトン強制収容所で（保田英一氏所蔵）

この時、アジアの各地に、兵士、一般邦人など約六百六十万余人がいた。彼らもまた、それぞれの地で複雑な思いを抱いて「敗戦の日」を迎えたのである。

仏印（フランス領インドシナ）のカンボジア・ストントレンで、石田松雄軍曹は「負けた日本に帰る気はない」とベトナム独立同盟（ベトミン）に参加、フランスからの独立戦争に身を投じた（『ベトナム残留日本兵』石田松雄著／筑波書林）。満州と朝鮮の国境の町・安東では、〝お町さん〟と呼ばれた道官咲子が一般婦女子を守るため、水商売経験者を中心に〝女子特攻隊〟を組織、いきり立つソ連兵に文字通り身を呈した（『お町さん』長瀬正枝著／かのう書房）。

また、満州・牡丹江の山中では、馬上の抜刀、白鉢巻き姿の将校から敗戦を知らされた加藤百合子は、その後、八路軍（中国人民解放軍）に捕まり、同軍の制服の縫い子として八年間、抑留生活を送っている（『満州は春なお遠く』加藤百合子著／かのう書房）。その他、シベリアやモンゴルの厳寒地に強制労働に送られた者など、敗戦国民である多くの在外邦人には、新たな苦難多き戦後の始まりだった。

敗戦直後の外地では、一時的であるにしろ、多くの地でこのように混乱と暴力が支配した。そして、満州では約二千五百人もの残留孤児が生まれ、戦後五十年を経た現在でも「あの戦争」の暗い陰を引きずっているのである。

そんな状況下のアジアの一角で、自由に、豊かに、平和に強制収容所での生活を〝エンジョイ〟するという信じられないような境遇の邦人たちがいた。

女優・浅丘ルリ子もその一人である。日本グラフィックデザイナーの草分け、故・里見宗次、タイを描き続けた故・横田二郎、チェンマイでは名の通った写真師、故・田中盛之助……。他にも様々な人がいた。シンガポール攻略戦の参謀で、後に『潜行三千里』を著した辻政信大佐の部下七人も、連合軍の目をかすめて僧姿で紛れていた。

——戦時下、日本とタイは「日タイ友好和親条約」（一九四〇年）、「同攻守同盟」（一九四一年）で堅く結ばれていた。にもかかわらず、タイは終戦で一転して連合国、戦勝国側に変身する。終戦を挟んだタイの、この政治的な駆け引きには驚かされる。

私は、様々な戦犯までもを抱え込んだ、恵まれたバンブアトン収容所の存在の陰には、どうも、この時のタイ政府の変わり身の早さによる、日本への〃負い目〃があったからではと思えて仕方がない。

九五年六月三日、土曜日の昼。東京都内のホテルで、七十歳を越す老人ばかり約三十人が集まって、年に一度の交歓会が開かれた。「バンブアトン会」——。

敗戦と同時にバンコク郊外に造られた連合軍強制収容所のあった地名にちなんでつくられた収容所仲間の〃同窓会〃である。

当時、タイにはバンコクを中心に日本人商社員や

＜さよならバンブアトン会＞
戦後50年を期して解散する「バンブアトン会」では、収容所経験者たちが収容所内で流行った『キャンプの歌』を合唱して、当時を懐かしんだ＝95年6月3日、東京都内のホテルで、松本逸也撮影

その家族約三千五百人が住んでいた。敗戦で収容所に収容されたが、地元の対日感情のよさもあって、収容所とは思えない緩やかな生活を過ごすことが出来た。そんなことから、日本へ引き揚げ後、有志が「バンブアトン会」をつくり、毎年、当時をしのんで集まってきたのである。

が、「バンブアトン会」はこの日をもって解散した。収容所体験者が亡くなったり、高齢化で連絡が取れないケースが増えたからだ。この年は戦後五十年目という節目の年で、日本の国内外で様々な行事が行われていたが、この会合だけは五十年を期して解散するという一風変わったお別れ会だった。思い出は風化し、戦争も遠い過去の記憶となった証左でもある。

バンブアトンは、収容所というのに鉄条網も塀もなく、食糧も豊富で、「まるで

＜強制収容所・第1キャンプの全景＞
バンブアトン強制収容所はクリーク（運河）沿いにニッパヤシの家々が林立していた。元々は1944年に激化する連合軍の空襲を想定してタイ人のための避難場所として設営されたもので、広い田んぼの中にあった。立っているのはタイ人警備兵。しかし、鉄条網も塀もない自由な収容所であった＝1945年（昭和20）バンコク郊外のバンブアトン強制収容所第1キャンプで（井上政利氏所蔵）

楽園だった」という。残されている当時の写真からも、その雰囲気は十分伝わってくる。

経験者の一人、バンコク在住の瀬戸正夫は、自分の数奇な半生を綴った『父と日本にすてられて』（かのう書房）を出版した。瀬戸らタイ在住の邦人が、バンブアトン収容所に収容されたのは一九四五年九月十四日。日本の敗戦と同時に、連合国東南アジア軍最高司令官マウントバッテン提督の命令によって、タイ在住の邦人は軟禁状態におかれていた。

兵隊は武装解除され、バンコクから約百キロ離れたナコーンナヨックに収容されたが、一般邦人はバンコクの北西約四十キロ、ノンタブリー県バンブアトンに収容された。タイ語で「金の蓮の村」の名前通り、バンブアトンは蓮の花咲くチャオプラヤー川支流の湿地帯にあった。

＜井戸＞
毎日の生活に欠くことの出来ない飲料水は近くの運河の水を用いていたが、不潔だったため、日本人収容者の手によって井戸が掘られた＝1946年（昭和21）、バンコク郊外のバンブアトン強制収容所で（保田英一氏所蔵）

元々、バンコクの空襲からタイ国民を守るために政府が用意した避難場所だった。

　瀬戸正夫の半生記に、この日のことが書かれている。「一台の古ぼけたトラックが、わが家に迎えに来たのは午前七時頃だった。学生服に身を包み、戦闘帽を被った僕が、二、三着の着替えと教科書を詰め込んだ小さなトランクをぶら下げて外に出てみると、隣近所の（タイ）人が大勢見送りに来ていた。そして、口々に『まあ可哀想に、可哀想に……』と囁き、ひったくるようにして僕の荷物を持ってくれた」

　多くの邦人は、カバン一個だけの携行が認められ、バンコクの川岸から小さな艀《はしけ》にすし詰めにされて、チャオプラヤー川を約十時間かけて移動した。

　楽園とはいえ、それなりに苦労も多かった。水浸しの湿地帯に、一キロ間隔で

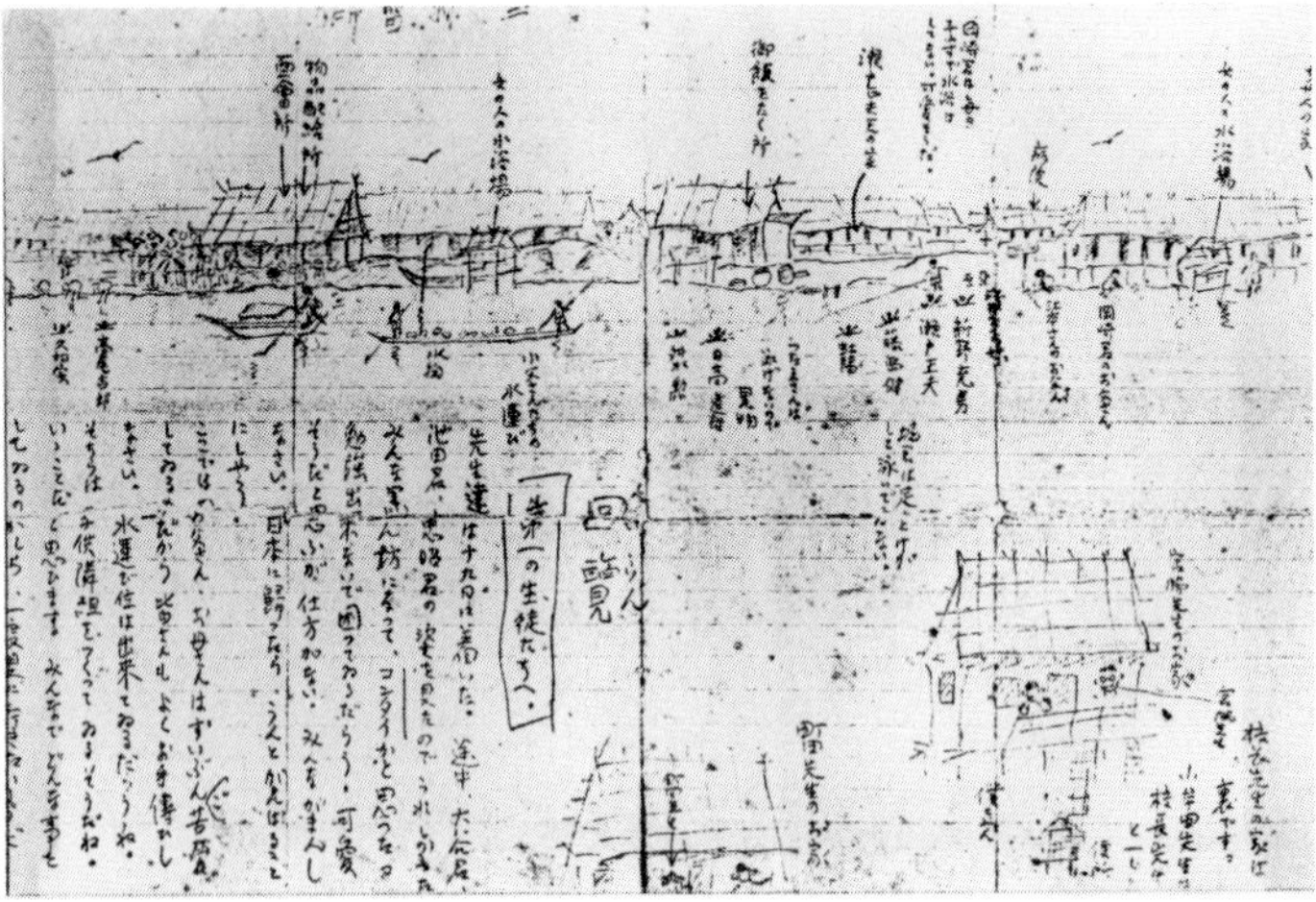

＜第2キャンプのイラスト＞
バンブアトン強制収容所の第2キャンプにいたる盤谷（バンコク）国民学校の宮脇先生から、第1キャンプの日本人学校の児童に宛てた手紙の中には、第2キャンプの様子を描いたイラストも含まれていた。第1と第2キャンプは1キロほど離れていた（池田実氏提供）

＜バレーボール＞
バレーボールに興じる第1キャンプの日本人＝1946年（昭和21）、バンコク郊外のバンブアトン強制収容所で（保田英一所蔵）

三つのキャンプが並んでいた。ニッパヤシの葉や竹製の粗末な小屋で、部屋は会社別に振り分けられ、五人一組で、一人一畳ほどの広さだった。トイレは離れた所に設置されていて、水はけが悪く、その都度、舟をこいで行くという有り様だった。

不衛生でコレラやチフスなどの伝染病が流行したこともあった。サソリに刺される人や、盲腸炎を患う人も多かったが、収容所内には病院がなく、自分たちでニッパヤシの病棟まで造った。収容者の中には医者をはじめ土建業など様々な技術を持った人が多かったことが幸いだった。水にも困った。初めのうち、運河の水をミョウバンで濾過して飲み水にしていたが、不衛生この上なく、自分たちで井戸を掘った。今でも、収容所跡にはこの井戸が残っている。

邦人たちが収容された頃、キャンプの周囲には五十センチほどに伸びた稲が一面に広がっていた。が、不思議なことに境界線となる筈の鉄条網も垣根もなかった。厳しい監視下にあったオーストラリアやアメリカの収容所に比べれば、精神的には楽だった。川岸の土手に、長い銃をぶら下げた愛想のいいタイ人警察官が邦人を監視するために、見張りをしていたが、実際にはほとんどいないも同然だった。

出入りは自由で、管理するタイ警察は親日的。米、野菜、

＜ラジオ体操＞
一日のはじまりは朝のラジオ体操からだった＝1946年（昭和21）、バンコク郊外のバンブアトン強制収容所で（保田英一氏所蔵）

魚、豚肉などの配給は豊富だった。毎朝、収容所内では市が立ち、禁止の筈のビールやタバコ、日用品も買えた。

敗戦国民である日本人に対し、タイ人が好意的だったことについて、バンブアトン会の幹事で日本タイ文化協会理事長の吉川亨は、「仏教の精神に加え、戦時中にも培われた対日感情の良さが幸いした」と言う。

しかし、いくら自由とはいえ、所詮はカゴの鳥。精神的にゆとりがあるといっても、それなりのストレスが生まれるのが人間だ。いつ本国に帰れるのか、戦犯として連行されるのでは……、という不安がいつも付きまとった。そうした悩みを乗り越えるために、邦人たちは団結した。モノに不自由しないからといって、ただ無為に時を刻むことこそが大敵と、皆が認識していたからだ。

組織づくりに長けるといわれる日本人の才能はここでも大いに発揮されたようだ。収容所入りと同時に三つのキャンプの〝村長〟を選出し、大人も子供も「隣組」を組織し、ノイローゼなどによる精神的な脱落者を防止するため全員漏れ無く班に入ることが義務づけられた。

野球、バレーボール、相撲、水泳から、碁・将棋クラブ、タイ語や中国語、英語、フランス語といった語学教室。手芸、演芸、歌愛好クラブ、仏教講座など、何でもあった。

「お陰で退屈することもなく、生活をエンジョイした、少なくも精神面では〝楽園〟だった」と、お別れ会に参加した体験者は言う。

昭和二十一年三月には、収容所内の日本人学校で十人の小学校卒業生を送り出している。日本本土では、終戦と同時にアメリカGHQの方針で戦前の教科書は一切、使用禁止になったのに、遠く離れたタイでは軍国主義の戦前の教科書がそのまま墨で塗りつぶされずに使われていた。

また、キャンプ内がいかにまとまっていたかを物語るような瀬戸正夫の証言もある。「自分が住んでいた第二キャンプでは、白い紙に一バーツ、五バーツと書かれた手製のキャンプ・マネーも発行されていた。井戸掘りなど共同の使役に駆り出された時に支払われるもので、これで何でも買えた」

収容所にはいろいろな人がいた。後に日活の大スターとなる浅丘ルリ子もその一人だった。本名・浅井信子。当時五歳、ブーちゃんと呼ばれた浅丘の文字通り初舞台となったのが、収容所内で開かれた演芸会での出し物『赤城の子守唄』の勘太郎役だった。

この時の模様を瀬戸正夫は半生記に綴っている。「ハーモニカから流れる『赤城の子守唄』のメロディーに乗って、可愛い勘太郎役に扮したブーちゃんを背負った三菱商事の大場巧さんが、〝泣くなよしよしー、ねんねしな…〟と、歌いながら舞台に現れた。いかにも子供をあやして寝かせつけようとする大場さんの仕草と、ブーちゃんの眠そうな表情に、場内から嵐のような大喝采が沸き起こった」。

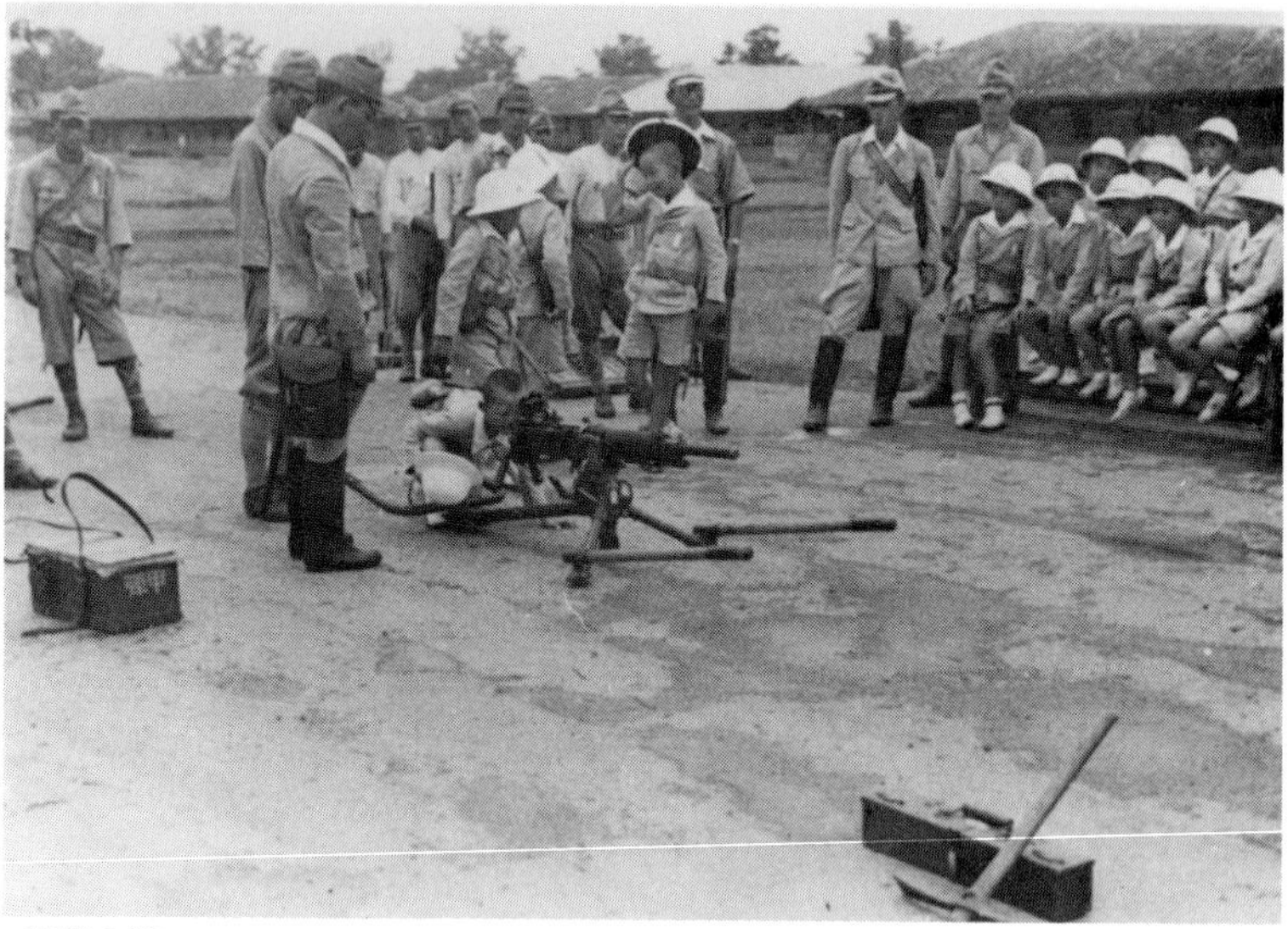

<体験入営>
タイ駐留日本軍への日本国民学校の生徒による一日体験入営。全校生徒100人が参加。行進、銃剣道、機関銃操作などの訓練を行った＝バンコクのルンピニー公園で（金井純雄氏所蔵）

スポットライトも何も無い、粗末な野外劇場だった。空には満天の星が輝いていた。

その頃の話を聞きたくて、浅丘ルリ子に電話をした。話の趣旨を理解した浅丘は急に声を高ぶらせ、懐かしそうに話し出した。

「幼かったからあまり記憶がないのですが、バンブアトンというと、満月に果物がいっぱい飾ってあって、皆が踊っている光景が脳裏に焼き付いていますね。みんなニコニコ笑顔が絶えなかった。アヒルの卵でママゴトをしたり、子供心にも楽しい雰囲気でした。心を一つにして帰国の日を待った、あの時の気持ちだけは忘れません」

その他、画家、写真師、作曲家など多彩な人物がこの収容所で生活を共にしていた。

また、収容所にまつわる話として辻政信の存在は大きい。

辻政信とは言うまでもない、シンガポール攻略戦の作戦参謀で、戦後も戦犯指定解除まで四年余も逃げ通し、後にその体験記『潜行三千里』を著した人物だ。その後、参議院議員となり、一九六一年（昭和三十六）四月、東南アジアを視察中、ラオスで消息を絶ち、一九六九年（昭和四十四）、民法の規定による失跡宣言で死亡が確定している。失跡の謎は、彼の潜行体験から様々な憶測がなされたが、当時の時代背景から、アメリカと中共（中国のこと。当時はこう呼ばれていた）、ソ連によるラオスをめぐる国際的な紛争に巻き込まれ、何者かに〝消された〟のではないかといわれている。

この辻政信という人物には、どこか測り知れないところがある。『日・タイ四百年史』（西野順治郎／時事通信社）に終戦時における辻政信の人間性に触れた興味あるエピソードが紹介されている。

終戦を直前に控えた八月十日。日本政府の条件付きポツダム宣言受諾に関する特ダネをバンコクの同盟通信がすっぱ抜いた。驚いた方面軍司令部の辻政信大佐が日本大使館に乗り込み、「館員の中に国賊がいるから出せ」と怒鳴ったという。

ところが、辻らしい性格として紹介されているのは、翌日になって「前日とは打って変わった態度で大使館に現れ、『自分は戦争犯罪人として逮捕されるおそれがある。今ここで身を隠し戦後の問題について中華民国首脳と話し合いたいから大使館の一員にいれてほしい』と依頼して来た」と言うのである。西野は当時、大使館員で辻から国賊呼ばわりされた当人であるだけに、よっぽどしゃくに障ったとみえる。

西野は、辻に大使館員としてはだめだから、寺に出家することを勧告したと綴っている。結局、辻は勧告に従い、日本人納骨堂があるバンコクのワット・リヤップに、青木某と変名を使い、僧として身を隠していた。収容所に隠れていたのは、彼を支えていた七人の部下たちである。彼らは影に日向に、辻の潜行を助けていた。辻は、その後、タイを脱出、仏印（インドシナ）、上海など中国各地を転々として逃げ延びたのである。

ついでながら、〝マレーの虎〟の異名を持つ第二十五軍南方作戦部隊の山下奉文中将が、マレー半島のクアラルンプール攻略の時にしたためたという日誌に、辻のことをこうこき下ろしている。

「…辻中佐第一線ヨリ帰リ私見ヲ述べ、色々言アリシト云フ。此男、矢張リ我意強ク、小才ニ長ジ、所謂コスキ男ニシテ、国家ノ大ヲナスニ足ラザル小人ナリ。使用上注意スベキ男也」

戦犯時効で晴れて世に出た彼を、当時の各紙が〝作戦の神様〟と称えているが、神様にしてはよく負けたものだ。私も山下同様、辻のことはどうも好きになれそうにない。

武士道を重んじる軍人なら『潜行三千里』などという卑怯な逃げ隠れではなく、潔く、戦犯として腹を切ればと私は思うのだが、戦後のマスコミの風潮は、姑息に逃げ通した辻を、まるで英雄扱いしているようにも思えて腹立たしい。

<全員集合>
バンコク在住の日本人の子供たち。盤谷（バンコク）国民学校と盤谷日本幼稚園の児童たちだ＝1945年（昭和20）3月25日、バンコクで（保田英一氏所蔵）

揚げ句が、国会議員となって、戦後のアジア外交にどうのこうのと言うのだから恐れ入る。辻は失跡する直前に、当時のケネディ米大統領に親書を送っている。その中に「……解放と自由を求めるアジア民衆は…」という下りがある。何をか言わんや。この人にとって、あの「八月十五日」は、一体何だったのかと思わざるを得ない。

バンブアトン収容所の扱いは、終戦時における最高のもてなしを受けた強制収容所の一つであったろう。その理由について先に吉川が「仏教精神と対日感情の良さ」を上げたが、政治的な意味合いもあった。

「日タイ友好和親条約」と「日タイ攻守同盟」である。和親条約はタイとインドシナをめぐる英仏との領土不可侵から発した条約であり、攻守同盟はマレー、シンガポール攻略のために日本が無理やり押し付けた軍事同盟である。

一九四一年（昭和十六）十二月七日。太平洋戦争の開戦を翌日に控え、日本軍のタイ進駐をめぐって、在タイ日本大使館とタイ政府当局との間で激しいやり取りが交わされていた。差し迫った問題はマレー攻略のため「日本軍のタイ領通過を容認すること」だった。ところが、決断を下すべきピブン首相がカンボジア国境に出掛けていたため、南タイのソンクラなど一部の地域では時間切れのため、戦闘に突入してしまったのである。ピブン首相は、結局、徹夜で日本大使館と交渉の末、日本軍の平和進駐に関する協定書に調印した。

日本軍の上陸は平和的に行われたということになっているが、実際にはこの時の戦闘でタイ側に百人以上の戦死者を出しているのだ。しかし、この事実は、その後の攻守同盟成立という建前からずっと公にされずに来た。

タイ側にすれば、日本の要求を受け入れなければ主権が脅かされると感じた。ピストルを突き付けられての同盟調印だったことはぬぐえない。が、タイ当局の一部には「日本と同盟して失地の回復をはかるべき」とする枢軸派もいた。結局、タイ政府当局は日本のごり押しに負け、一九四二年（昭和十七年）一月二十五日、英米両国に対し、宣戦布告する。

ところが、その枢軸国側にいた筈のタイが、終戦時には連合国側という、まさにトリックのような外交手腕を発揮したのである。

開戦当時、駐米公使であったセーニー・プラモート（戦後、帰国して総理、民主党総裁に就任）の「自由タイ運動」の成果である。セーニーは、「タイ本国が英米に宣戦布告したのはタイ国民の意志ではない。我々はあくまでもタイの自由独立を守るため、連合国の援助を得て侵略者日本と闘う」と声明して当時、英米など連合国やヨーロッパの中立国などにいた外交官や留学生を糾合して「自由タイ運動」を起こした。

言ってみれば、本国政府の日本寄りの政策は、国民を人質に取られて仕方がなく行われているもので本意ではないというセーニーのこの時の意思表示が功を奏したのである。

一九四四年ごろになると、「自由タイ」軍兵士による本国潜入が活発になる。日本寄りの顔を演じるアパイウォン総理の陰で、セーニーと結んでいたのはプリーディー摂政であった。しかし、幾多の危機にも終戦まで、日本とタイが交戦せずに済んだのは、ただ純粋に自国の独立主権を守るために起こした「自由タイ運動」のお陰であった、と西野順治郎は前出の『日・タイ四百年史』の中で述べている。そして、アパイウォン総理の興味深い言葉を紹介している。

＜神棚＞
盤谷（バンコク）日本国民学校には、校長室の横の廊下に、天皇を祀った神棚が設置されていた。子供たちは毎日のように神棚に向かい、戦死者や日本軍の武運長久をお祈りさせられた＝1944年（昭和19）10月1日、バンコクで（金井純雄氏所蔵）

「国の外交はまったく複雑多岐である。我々は白を欲しながら、あたかも黒を欲しているように振る舞い、終局において白を獲得することに成功した」

タイ政府の、こうした一連の行動にアメリカは理解を示したが、イギリスはずっと疑惑の目を向け続けた。日本にしても「自由タイ運動」の存在を知った時、「騙された」と感じた風もないではない。しかし、そうした感情を押さえ、危機を救ったのはタイ方面軍司令官・中村明人中将の温厚さと慎重な行動にもよるものだった。

アパイウォン総理の言葉の中に、冷たい外交の裏に隠れた「男の約束」への〝負い目〟を感じるのは、私だけであろうか。その〝負い目〟こそが、バンブアトン収容所の管理をイギリス軍から切り離し、邦人を彼らの冷たい仕打ちにさらされることがないように守ってくれたのだと私は思いたい。

そんな事情を知ってか知らずか、楽園のように暢気なバンブアトン収容所では、収容所仲間が作った『キャンプの歌』(白石崇作詞、田中達夫作曲)が流行った。

蓮華花咲く仏の国の／メナムのほとりバンブアトン／竹の柱にニッパの屋根も／住めば都の日本村／みんな元気で／みんな元気で／行こうじゃないか

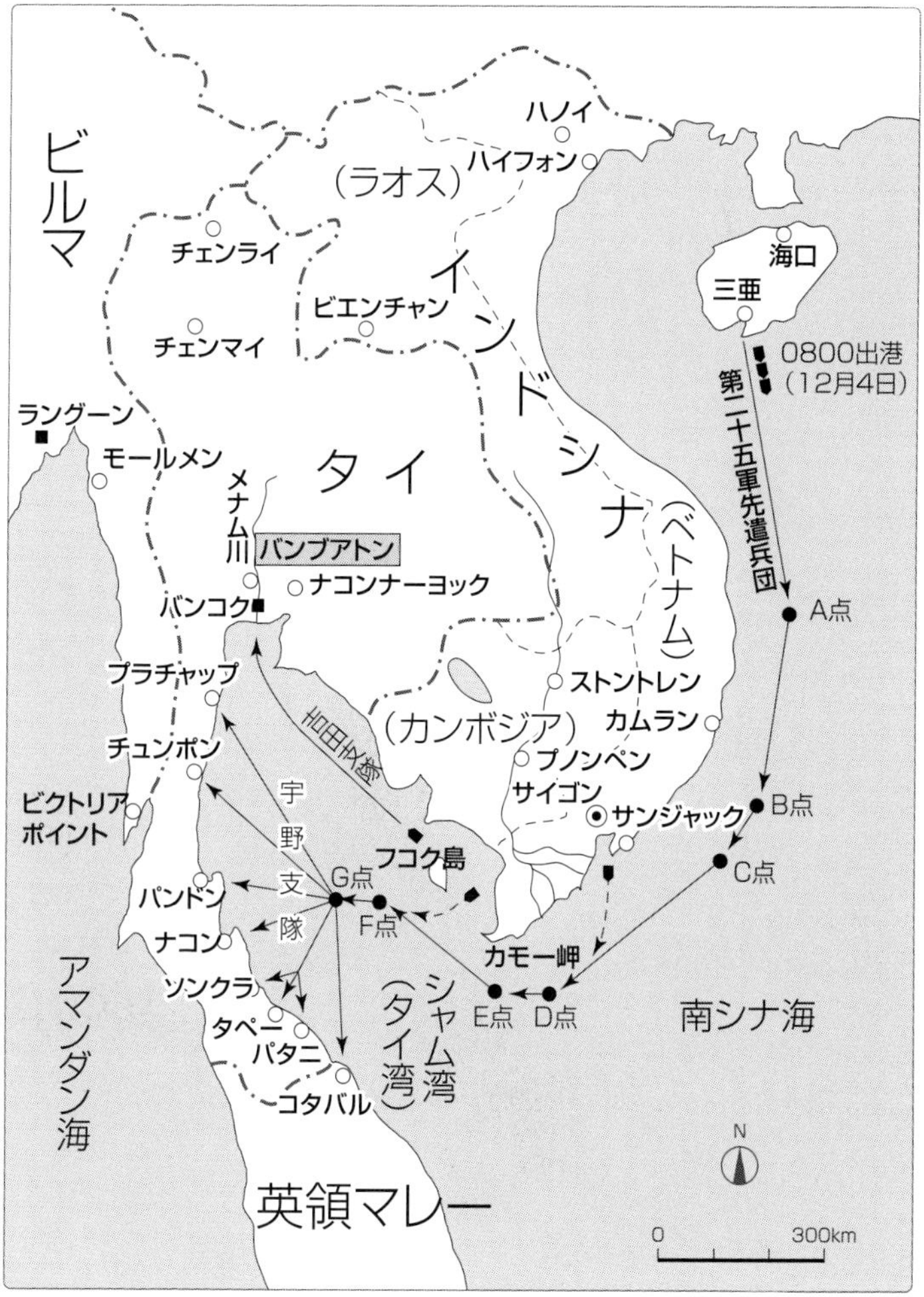

ビルマ
ハノイ
ハイフォン
(ラオス)
チェンライ
ビエンチャン
チェンマイ
インドシナ
海口
三亜
0800出港
(12月4日)
第二十五軍先遣兵団
ラングーン
モールメン
タイ
メナム川
バンブアトン
ナコンナーヨック
バンコク
(ベトナム)
A点
プラチャップ
ストントレン
カムラン
(カンボジア)
チュンポン
プノンペン
サイゴン
ビクトリアポイント
サンジャック
B点
フコク島
C点
G点
F点
パンドン
ナコン
カモー岬
宇野支隊
ソンクラ
E点
D点
南シナ海
アマンダン海
タペー
パタニ
シャム湾
(タイ湾)
コタバル
N
英領マレー
0
300km

12 鉄条網なきタイ日本人強制収容所

日タイ関係年表

1937(昭和12年)	日中戦争始まる(7月)/「日暹友好通商航海条約」調印(暹羅=シャム)(10月)
1938(昭和13年)	タイ華僑が日中戦争に抗議して、日貨排斥運動を起こす(2月)/ピブン・ソンクラーム内閣成立(12月)
1939(昭和14年)	国名を「シャム」から「タイ」に変更(6月)
1940(昭和15年)	「日タイ友好和親条約」調印(6/12)
1941(昭和16年)	東京においてタイ仏印国境紛争の調停会議開催〈5月9日正式調印〉(2/7)/日本軍仏印へ進駐(7月)/タイ、満州国〈32年建国〉を承認(8月)/■坪上在タイ大使、ピブン総理に緊急面会を申し入れるが行方不明〈ピブン総理、地方に視察中だったことが後に判明〉■午後10時30分。坪上大使・ディレック外相会見。「英米との戦争開始に伴う日本軍のタイ領通過申し入れ」■夜、バンコク在住の邦人700人、「がんぢす丸」に避難(12/7)/太平洋戦争始まる(12/8)■未明、日本軍(山下奉文中将指揮下のマレー半島攻略軍)南タイに上陸。日タイ双方に死傷者 ■午前7時過ぎ、坪上・ピブン会見成立/「日タイ攻守同盟」調印(12/21)
1942(昭和17年)	連合軍、バンコクを空襲(1/8)/■タイ、英米に宣戦布告 ■セーニー・タイ駐米公使ら英米への宣戦布告に抗議して「自由タイ運動」を結(1/25)/日タイ攻守同盟慶祝のタイ使節団、日本訪問(4月)/タイ、日本と特別円決済に関する協定調印(5月)/タイ、仏領インドシナとの国境画定条約調印 ■タイ、南京政府〈汪精衛主席〉を承認(7月)/タイ政府、大東亜省設置(9/1)/「泰緬鉄道」建設工事着工(11月)
1943(昭和18年)	タイ国内に「自由タイ運動」拠点成立(2月)/東條首相タイ国訪問(7月)/東京において「大東亜会議」開催。タイ代表ワンワイタヤコーン殿下出席(11月)
1944(昭和19年)	「自由タイ運動」地下活動者のタイ潜入始まる(3月)/ピブン内閣崩壊。アパイウォン内閣成立〈プリーディー・パノムヨン摂政〉(7月)
1945(昭和20年)	終戦(8/15)■タイ政府、対英米宣戦布告の無効を宣言/タイ在住邦人、軟禁状態に(8/31)/英印軍、豪州兵、オランダ兵ら連合国軍、バンコク進駐(9/2)/■タイ在住一般邦人、大使館員ら、連合軍のバンプアトン強制収容所へ抑留開始〈10月末までに約3500人が収容〉(9/14)■日本軍兵士は武装解除され、ナコン・ナーヨックのキャンプに収容/タイ政府、日タイ攻守同盟など一切の対日関係条約、協定の破棄を通告(9/24)/バンプアトン強制収容所内で日本人対台湾人親善運動会を開催(11月末)
1946(昭和21年)	同収容所内で相撲大会スタート(1/7)/野球大会や釣り大会など各種の催し物がスタート(1/29)/バンプアトン強制収容所内の盤谷国民学校17回卒業式〈敗戦後初〉で10人が卒業。学校は6月4日まで継続(3/25)/収容所内の台湾人、本国へ帰還(4/1)/収容所内の邦人約3000人、本国帰還第1陣として収容所を出発(6/10)■シーチャン島に停泊中の「辰日丸」に乗船(6/15)■鹿児島に到着(7/3)■収容所内の邦人135人、本国帰還第2陣として収容所を出発(8/1)■バンコクの陸軍病院に収容された後、シーチャン島経由、「ウイリヤムデン・ホウエン号」で、神奈川県浦賀に到着〈釈放の日本兵225人も合流〉(8/22)/「自由タイ運動」のセーニー米公使帰国、内閣を発足(9/17)/収容所内のタイ残留希望邦人ら126人にタイ在留許可(9/23)/タイからの最後の本国帰還である第3陣、邦人、兵士を乗せてシンガポール経由で佐世保に到着(11/23)

〝東洋の真珠〟が巨龍に呑み込まれた日

――香港と中国、それは光と陰　大英帝国のアジア植民地支配の終焉

「脱亜」の群像 13

二十世紀は「難民の世紀」といわれた。

そのはじまりは、何と言っても欧米列強によるアジアへの侵食にある。近代化という名の弱肉強食時代の産物だ。とりわけ、産業革命を成し遂げたイギリスの振る舞いは傍若無人だった。近代兵器を武器にインドに侵入、富を奪い、さらにその魔手を中国（清国）大陸、極東へと差し向けた。あのビクトリア朝の栄華は、インドと中国の富の収奪なくしては成り立たなかったといっても過言ではない。

一九九七年七月一日、中国に返還された香港こそは、まさにこの時代の象徴。植民地獲得闘争に狂奔した大英帝国の〝落とし

＜80年前・ビクトリア丘から＞
1915年（大正4）10月10日。「香港山腹ヨリ海岸ヲ臨ム」とある。ビクトリア丘中腹からの香港とビクトリア港の賑わい（土岐純子氏提供）
＜今・100万ドルの夜景＞
80年後、ビクトリア・ピークから見た現在の香港と対岸の九龍の街は、繁栄の極みで、まさに100万ドルの夜景といわれるほど美しい（1994年6月、松本逸也撮影）

子〃、最後の植民地である。

「イギリスという頭脳が植民地インドという胴体をもち、そこから東へと伸びたヒジの関節にあたるのがシンガポール、手首にあたるのが香港……」。この言葉は、大英帝国の伸長ぶりを表現する時によく使われた比喩である。

　毛沢東は、一九二五年、その香港を「あの不毛な島」と嘲った。ところ

が、毛沢東は、四十年後、文化大革命によって中国を不毛の地にしてしまった。植民地・香港の浅い歴史を紐解いてみると、その後の輝くような繁栄の裏には、皮肉なことに毛沢東の率いる共産主義・中国の大いなる誤算、失政があった。言い換えれば、香港と中国は、丁度、光と影のような関係である。

ここに掲載した香港の一コマ、一コマは、今から約九十年前のもので、毛沢東が嘲笑した時より古い。当時、香港、上海、マニラなどを飛び回っていた日本人商社マンが撮影したものだ。

〝百万ドルの夜景〟と後に称えられることになるビクトリア丘から見た香港の街。西洋建築の町並みを走る二階建て電車。平和祝賀会のイルミネーションに浮き出された香港高等法院、香港ホテル……。その様は、アヘン戦争によって清国から割譲した巨大な中国の一角に、イギリスの覇権を具現化したものの如く感じられる。

きらびやかなイルミネーションと電車、西洋建築は、広東人をさぞかし威圧しただろう。それは、ひとたび海辺の写真に目を向けた時に見せつけられる帆船ジャンクと水上生活者の貧しさや、華やかな西洋建築の片隅に散見出来る裸足の中国人車夫の姿からも想像出来る。

毛沢東は、きっと〝この部分〟の貧しさを言いたかったに違いない。

さて、この九十年前の香港の写真を後世に残してくれたビジネスマン、酒井

＜80年前・香港島渡船場にて＞
1915年（大正）9月28日。香港—九龍渡船場。海にはジャンク、黒煙を吐く蒸気船、わたし船。ビクトリア港のにぎわいはなかなかだ。左手前の駅舎には「九龍広東レイルウェイ」と読める。香港島から九龍半島を望む。現在の中環地区のスターフェリー・ピアからである《3枚つなぎ写真》（土岐純子氏提供）

福次郎（一八八六〜一九二四、腸チフスのため三十八歳で死去）という人物をここで紹介しよう。

酒井は、当時としては数少ない商社マンの一人だ。早稲田大学を卒業してすぐ、服部時計店の外商部門ともいうべき服部洋行に勤めた。上海、香港、マニラを舞台に活躍した男である。長女宅に残るアルバムには、彼が写した約百枚にも及ぶ香港、上海、広東など中国各地のスケッチが貼られている。そして、どの写真にも、貧と富、植民地と列強といった構図が随所に顔をのぞかせている。几帳面で、ほとんどの写真に、撮影年月日、場所が記されている。

酒井が、カメラとソロバンを手に渡り合った当時の中国大陸と日本は、日露戦争に勝った日本軍が第一次大戦を天佑とみて、青島を攻略（一九一四年）、翌年には袁世凱に悪名をとどろかせた二十一カ条要求を突きつけるなど、日本の中華民国における強圧的な行動が目立ちはじめる頃であった。

当時の香港は、ビクトリア港周辺に密集した宗主国イギリスの建造物だけが際立つ島で、それ以外はただの寒村だった。

その香港が約百年間で〝東洋の真珠〟とまでいわれるようになった理由は何だったのか。

＜今・香港島スター・フェリーピアから＞
80年前の写真とほぼ同じ位置からみたビクトリア港の風景。山の形はまったく変わらないが、海岸沿いにまたたくネオンがその後の繁栄ぶりを示している。今、このフェリーで対岸の九龍まで8分でつないでいる。地下鉄、海底トンネルとともに市民の重要な足であることは変わらない（1994年6月、松本逸也撮影）

沖縄本島より狭い総面積約一千平方キロの香港（香港島と九龍半島新界地区を合わせた総称）に、今、五百八十五万人の人たちがひしめき合って住んでいる。その九割以上が中国人で、しかも半数近くが四九年の中国共産党政権誕生前後に大陸から逃げて来た人たちだ。そして、現在、香港人の生活水準は中国の二十倍。そんな格差を抱えて、九七年七月一日午前〇時、香港は、中国に返還されたのである。

ビクトリア朝のイギリスは正常な神経を失っていたとしか思えない。アヘン戦争を仕掛け、南京条約で香港島（七十六平方キロ）を奪った勢いで、一八五六年、清国警官の英国船臨検に端を発したアロー号事件を口実に北京条約（一八六〇年）で九龍半島の南端部分（十平方キロ）を領土とした。さらに日清戦争後の一八九八年七月一日、香港島と九龍半島の領土防衛を理由に、残りの九龍半島・新界地区（九百五十九平方キロ）と付近の二百三十五の島々を九十九年の期限付きで租借したのである。

では、何故、香港だったのか。中国沿岸には他にいくつもの良港もあるだろうに……。『黒船前後の世界』（加藤祐三著／ちくま学芸文庫）によれば、実はイギリスが第一に欲していたのは北京や上海にも近い「舟山群島」だったという。ところが、アヘン戦争が予想を越えて長引き、イギリス軍は広東に釘付けになったため、何よりも安全な軍港として香港を必要とした。それに、首都北京に近い舟山となると、一挙に割譲は難しい。それより清朝の行政機関もなく、人気の少ない香港を、となったのが実情らしい。

いずれにせよ、香港、九龍半島とその周辺の島々は、清国の弱体化につけ込んで、半世紀以上かけてじわじわとかすめ取ったものだ。そして、九七年の返還は、租借期限の切れる百年目に当たったという訳である。

しかし、返還を巡っては長い間、紆余曲折があった。イギリス側は、香港の三つの地区のうち新界は租借だから返還はやむを得ないが、香港島と九龍半島南端部は割譲されたものだから主権を中国に返す必要はないという。が、中国側は、南京条約は不平等条約として割譲そのものを認めていない。

こうした歴史的難題に打開の一歩を踏み出したのが一九八二年のサッチャー首相（当時）の北京訪問である。この時、中英首脳は「双方とも香港の繁栄と安定を維持するという共通の目的をめざし、外交ルートで交渉を続ける」ということで合意した。

その結果が八四年十二月の「中英共同宣言」調印となって結実する。調印内容は、イギリスが大幅に譲歩して、三地区を一括返還とし、香港は「外交と国防を除き、高度な自治権を持つ、中国の特別区」と規定。いわゆる「一国二制度」を導入することで合意した。三地区が一括返還されることになった理由は、住宅地、工業地区として今や香港全体の九割を占める租借地域抜きでは、香港社会の存在が不可能だからである。

この中英合意が香港人を動揺させた。いくら、高度な自治権を持つ特別区とはいえ、中国の一部になるわけだから、現在のような自由社会は望めないのでは、という心配が生まれたのである。

そして、それを現実にしたのが、五年後の八九年六月に起きた天安門事件である。民主化を要求し北京・天安門広場に集まった民衆に人民解放軍が無差別に発砲、死者三千七百人、負傷者一万人（推定）を出した大惨事だ。

事件の後遺症は香港でも想像以上に大きかった。武力行使を逐一、衛星テレビで見た市民の間では「共産中国は信じられない」と移民が急増。それまで年間四万ほどだったのが、事件後、一気に六万人台に跳ね上がった。行き先は、カナダ、オーストラリア、アメリカなど。移民する人の多くが高学歴で、年齢も二十代から四十代。香港の将来にとって頭脳流出が心配されるほどである。

もっとも、香港人にとって、移民とは困難から一時的に避難する「疎開」程度の感覚かも知れない。もともと香港は移民社会である。全人口のうち五十七％が香港生まれで、三十五歳以下が人口の六十％。つまり、香港人はほぼ大陸からの移民とその子供・孫ということになる。だから、海外移住といっても、それほどの抵抗はない。

天安門事件から二カ月後に香港を訪れた時、地元の新聞社に勤める香港人の友人から、こんなことを聞いた。

「かなりの香港人が、九七年の返還を意識しはじめた途端、急にみな仕事するようになった。お金を貯めて移住するためだ」

彼自身も、夕方から深夜にかけて本業の新聞記者をやり、昼はテレビのアルバイト。睡眠時間は一日平均五時間。日曜日も返上という猛烈ぶりだ。街の書店には彼の言葉を裏付けるように、移民案内情報をまとめた本がうず高く積まれ、結構な売れ行きだった。

返還までに何人が香港を脱出出来るか。いまとなっては笑い話のようだが、当時、真剣に、こんな数字まで試算した人がいる。答えは「五十万人」（八九年からの七年間で）。飛行機、船などを合法的に使っての試算だ。

香港財閥の対中国投資の急増にしても「あれは中国へのゴマすり。対中投資額をみれば、どこも総資産の十％前後で二十％以上の財閥は一つもない。各派閥は世界各地への資産分散を怠らない。いざとなれば中国に残した資産を捨てて香港を離れるつもり」と香港人の記者は言う。

だが、最近では移民先での就職難や香港の経済繁栄持続の見通しから移民申請も落ち着き、「太空人」と呼ばれる、移民先からの男性の単身里帰りが増えているというのだった。

＜夢を求めて＞
香港に夢を抱き、祖国を捨てる者たちは、数年ほど前まで後を絶たなかった。写真は、ボートピープルとして香港に漂着、九龍の深水埗キャンプに隔離されたベトナム人たち。夢のようないい仕事はなく、ほとんどの難民たちは、毎日、こうして無為の時を刻むのだった（1989年12月、松本逸也撮影）

一九四九年の共産中国の誕生、六七年の文化大革命、天安門事件という大きな出来事のたびに、それをバネにして香港経済は肥大化して来た。流入した難民が、香港に新たな活力を与える続けるという、共産中国にしてみれば、あだ花のような結果をもたらした。また一時期、インドネシアなど東南アジアに散った華僑への反発も、香港人の奮起に拍車をかけた。

ともあれ、イギリスが植民地として香港を支配して以来、百五十年の歴史の中で、九七年の返還は最大の事件であったことは間違いない。

では、工業発展に必要な資源もなきに等しい、飲料水すら時給できない香港がどうして、今日のような繁栄を築き上げたのか。その謎を探るために、歴史をたどってみたい。繁栄の軌跡と将来像を探った『香港物語』（ディック・ウィルソン著、辻田堅次郎訳／時事通信社）は大変、示唆に富んだ著書である。

<東洋と西洋>
1915年（大正4）10月6日。リヤカーが、軍人が、日傘の婦人が行く（土岐純子氏提供）

それによると、アヘン戦争の勝利の代償として南京条約でイギリスが香港を手に入れた時、香港島には五千人足らずの人間しか住んでいなかったという。だからといって香港それ自体に歴史がなかった訳ではない。十三世紀には宋朝の幼帝がモンゴルに敗退した後、短期間、九龍に住んだし、周辺の島からは最近になって有史以前の遺跡が発見されている。ちなみに考古学者によれば、発掘された人骨はベトナム人に極めて近いという。いずれにしろ、イギリス人がこの島に住みはじめた一八四〇年代は、閑散としたただの田舎だった。

<にぎわい>
1919年（大正8）7月18日。香港平和祝賀会で各国旗に混じって日章旗も掲げられている。道行く人の中には中国人をはじめ、インド・パキスタン系の人も見える。山の中腹には「ビクトリー・ピース」と飾り付けられた建物が見える（土岐純子氏提供）

同書によると、イギリス植民地下の香港に最初にやってきたのは勤勉で機知に富む広東人である。現在、香港人の七〇％を占め、香港の共通語も広東語だ。戦後になって上海人が来るまで、広東人は最上層のイギリス人に服従するだけで、事実上、この地を管理していた。

広東人を評して、ある香港総督は「中国のアイルランド人」と呼んだ。独立心が強く、魅力があり、いささか騒々しいからだ。家庭においては儒教道徳によって規制されているものの、外の世界に対処するときには自分のやりたいことを主張する能力を持っているとも。さらに、休日もなく働き、仕事をしながら人生を楽しむ人たちだとも語っている。

そして、同書は、多くの広東人へのインタビューから、彼らの性格は「ある段階までは最も寛容だが、それを過ぎると、むしろ過激になる。広東人は他の中国人以上に、風になびき、有力な勢力に順応する。広東人以外のどの中国人が、百五十年もの欧州人の支配に耐えられたであろうか。広東人は、生き残っていつの日か戦うために圧力になびくのである」と結論づけている。

また、「古くからの言い習わしに、北方の中国人は来訪者に米の飯を出せる時には戸を開け、おかゆしかない時には戸を閉める、というのがある。北方の中国人は豊かさを見せることは好きだが、貧しさを見せるのは好まないのである。ところが、広東人はその逆で、幸運を見せびらかすのを好まない」と、その違いを指摘している。

香港のパイオニアは、何と言っても広東人だが、その広東人に混じって数は少ないが潮州人の存在も無視できない。その筆頭は、世界最高の富豪の一人、リー・カーシン（李嘉誠）である。

一時期、日本でもトイレなどに飾られたプラスチック製の花が人気を呼んだ、あの〝香港フラワー〟の製造元である。最近では、オーストラリアに身売りされてしまったが、アジアをすべて網羅する衛星放送を打ち出したスターTVの生みの親でもある。

しかし、今、香港の大きな存在になっているのは、その後、第二次大戦後になってやって来た上海の企業家たちである。日本軍の砲撃と、その後の中国・共産党による財産没収に見切りをつけて、彼らは移住して来た。後に広東人にとって宿命のライバルともなる上海人も、当初は圧倒的な広東人社

＜西洋風建築＞
4年後の工廠付近。1919年（大正8）7月18日。左側は旧海軍工廠だが、香港ホテルと思われる建物付近には多少の変化が見られる。日付けからして「平和祝賀会」の飾り付けだろう（土岐純子氏提供）

会の弱い存在だった。彼らは、ノースポイント（北角）と呼ばれる地区に住み着き、そこを拠点に伸長していった。『香港物語』の著者は、「上海人のビジネス面での手腕がなければ香港がこのように発展することはなかっただろう」と指摘している。

その他、香港には、東洋のジプシーといわれる客家、福建人、山東人らも移住して来た。こうした様々な中国人が互いに切磋琢磨した結果として、香港が活力ある人種混合社会を形成するようになったのだ。

しかし、活気溢れる経済社会を保証した根本的な要素は、レッセ・フェール（自由放任主義）政策であったことは否定できない。「成すに任せよ、行くに任せよ」と香港的自由のもとで純粋な形の、自由な企業による資本主義があったればこそだ。

〝資本主義の小さな飛び地〟香港は、こうして出来上がったのである。

ところで、経済的自由、政治的中立の香港には、いろいろな人がご厄介になっている。

後に共産中国の首相になった周恩来もその一人だ。一九二七年の南昌暴動で敗退し、国民党に追われる彼は、一文なしで、ぼろをまとい香港に逃れたという。ベトナムのホー・チミン、孫文、汪精衛、その他、歴史に名を連ねる人物がこの香港を逃避地にしている。どちらの側が中国で優位に立つにせよ、もう一方の側の逃げ場として、香港は利用されてきた。

香港という都市は、まさに人間自身が作り出した〃虚像〃である。

最後に、返還後の香港はどうなるのか。

イギリスは、有力政治家パッテンを九二年、最後の総督に任じた。パッテンは大英帝国最後の植民地にヨーロッパ的「民主主義」を植え付けて歴史の幕から退場したいと腐心した。ところが、中国は「愛国者を主体とする香港住民によって、香港は統治されるべき」という中国の最高権力者、故・鄧小平の路線を突っ走って来た。九六年一月スタートした「香港特別行政区準備委員会」の委員指名をめぐっても、中英間は主導権確保でしのぎを削った。新生・香港の顔となる初代行政長官人事をめぐっても中南海（北京の権力中枢）を巻き込んだ激しいつばぜり合いが繰り広げられたのである。

中国側が警戒したのは、イギリスや香港の民主勢力の伸長が将来、あらたな緊張を生んだり、返還後も香港にイギリスの影響力が残ることだった。

しかし、経済的には五十年間の資本主義路線は確保されている。そして、香港問題を論じる最適のジャーナリストと訳者も称える『香港物語』の著者は、「香港は生き延びるだろう。《途中略》香港の金を稼ぐ力に対する中国の関心は、ほとんど外部の者が考えているよりも大きい」と楽観的にとらえている。

一九九七年六月三十日。英領香港の最後の日。カウントダウンが始まった。午後十一時半からは、香港島・湾仔では返還記念式典が開かれた。会場には中国側から江沢民国家主席、李鵬首相、香港特別行政区の初代行政長官に選ばれた董建華、英国からはチャールズ皇太子、ブレア首相、パッテン総督らが出席。七月一日午前〇時。四十カ国の代表ら四千人が見守る中、ユニオンジャック（英国国旗）が下ろされ、代わって五星紅旗と香港特別行政区旗が翻った。式典の最中には、中国・人民解放軍が境界線を越えて香港領に入った。アヘン戦争で奪われた国土の、中国への百五十五年ぶりの回復が成った瞬間である。

午前〇時十分。チャールズ皇太子とパッテン総督を乗せた英王室専用船「ブリタニア号」は、中国首脳陣に見送られ、香港島を後にした。そして、パッテン総督は、ロンドンに当てて、最後の公電を打った。

「香港総督より外相へ　私は香港政庁を廃絶した。神よ女王を守り給え」

こうして、英国のアジア植民地支配は終わりを告げたのである。

13 東洋の真珠・香港が巨龍に呑まれた日

香港関連年表

1840	アヘン戦争
1842	南京条約（英国、中国・清朝から香港島を割譲）
1856	アロー号事件
1860	北京条約（英国、香港島に続き九龍半島南端部を割譲）
1868（明治元年）	明治維新
1894（明治27年）	日清戦争
1898（明治31年）	【九龍（新界）と島々を英国が99年間の期限つきで租借】（7/1）
1931（昭和6年）	満州事変始まる（9月）
1932（昭和7年）	満州国建国宣言（3月）
1937（昭和12年）	盧溝橋事件（7月）
1941（昭和16年）	大平洋戦争始まる／日本軍、香港占領（12月）
1945（昭和20年）	終戦（8月）
1949（昭和24年）	中華人民共和国成立（10月）
1955（昭和30年）	グラサム香港総督、北京非公式初訪問
1967（昭和42年）	文化大革命、香港にも波及
1971（昭和46年）	中華人民共和国、国連加盟（10月）
1972（昭和47年）	日中国交成立（9月）
1976（昭和51年）	毛沢東死去
1980（昭和55年）	九龍城砦、取り壊しへ（80年代）
1982（昭和57年）	サッチャー首相（当時）、北京訪問（9月）
1984（昭和59年）	【香港返還をめぐる「中英共同宣言」調印】香港は「外交と国防を除き、高度な自治権を持つ、中国の特別行政区」と規定。いわゆる「一国二制度」（12月）
1986（昭和61年）	新紙幣から「植民地」の字句が削除（1月）
1989（平成元年）	天安門事件発生（6月）／ベトナム難民51人を強制送還（12月）
1990（平成2年）	中国・第7期全人代で【香港特別行政区基本法が採択】（4月）
1991（平成3年）	表現、集会、結社の自由を認めた【香港人権法制定】（6月）／香港新空港建設で中英覚書に調印（9/3）／立法評議会（国会）直接選挙（9/15）
1992（平成4年）	香港総督にクリストファー・パッテン氏就任（7月）／パッテン総督、施政報告で95年の立法評議会選挙に民主化案を提案、中英交渉に暗雲（10月）
1993（平成5年）	新しい硬貨と紙幣から英女王が消える（1月）／香港「スターTV」、オーストラリア人に身売り（7月）／立法評議会の選挙制度をめぐり【中英交渉決裂状態】（12月）
1994（平成6年）	香港返還を中国側から歌った「我的1997」が話題に（3月）／中国全人代、返還後、独自に香港立法府を組織と決定（8/31）
1995（平成7年）	【香港立法評議会（国会、定数60）選挙で民主派躍進】／中国当局、不満表明（9/18）
1996（平成8年）	【中国の香港返還準備委員会設立】（銭外相ら150人、香港側94人、大陸側56人）、民主派排除に英国警告（1月）／英国外相、香港会議で返還問題を説明（1/8）／英国外相、中国・李鵬首相と会談。「平和な返還に自信」と中国首相（1/10）／北京―香港間「京九鉄道」開通（1/21）／香港駐留予定の人民解放軍部隊を初公開（1/29）／メージャー英首相、香港訪問（3/4）／総督に代わる行政長官を決める推薦委員を選出（6月?）
1997（平成9年）	香港、英国植民地最後の日（6/30）／【香港、中国に返還】／中国人民解放軍、香港へ進駐開始予定（1日午前零時）
1999（平成11年）	マカオ、ポルトガルから中国へ返還予定（12/20）

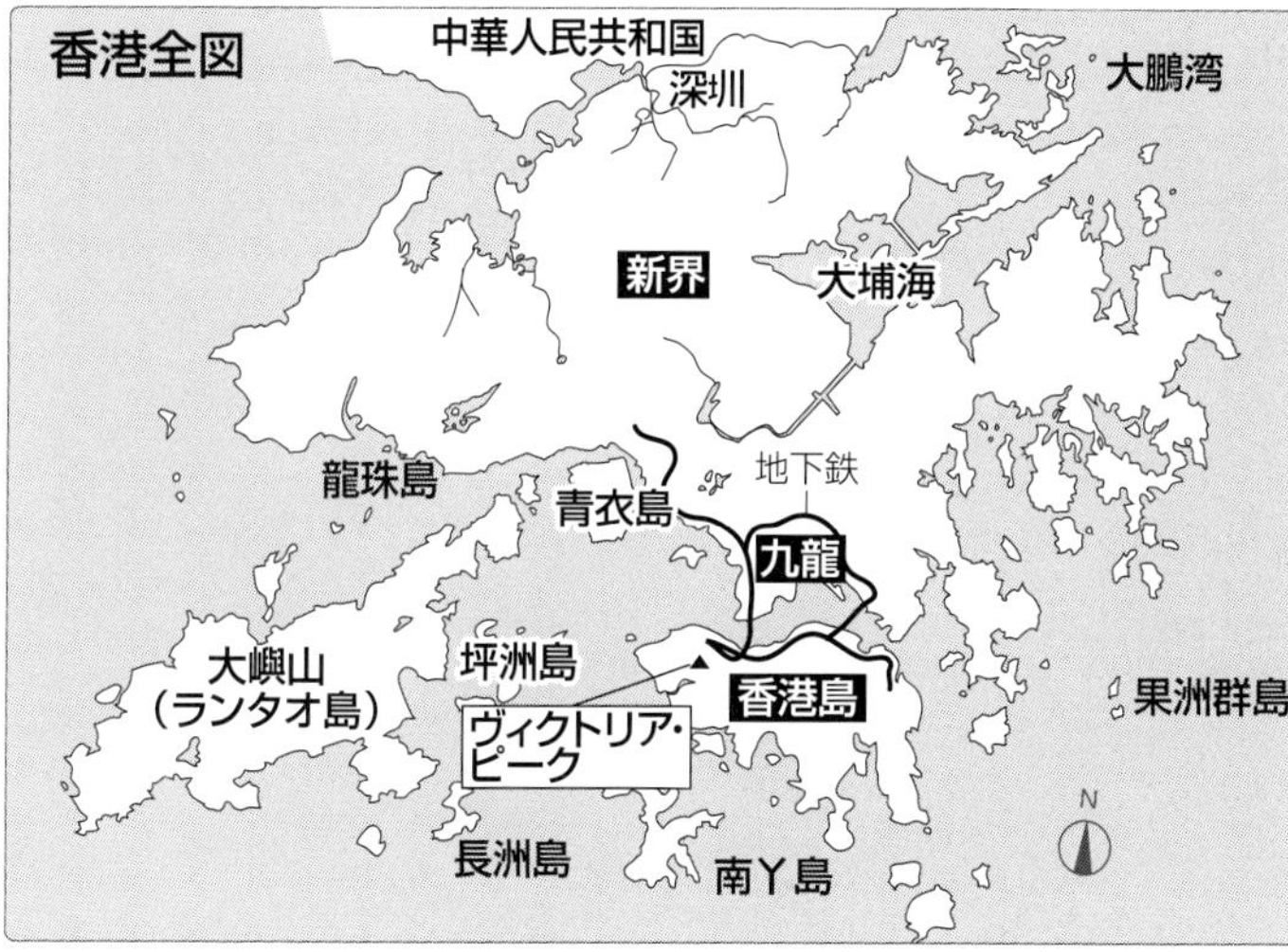
香港全図
中華人民共和国
深圳
大鵬湾
新界
大埔海
龍珠島
地下鉄
青衣島
九龍
大嶼山
（ランタオ島）
坪洲島
香港島
果洲群島
ヴィクトリア・
ピーク
長洲島
南Ｙ島
N

あとがき

平成16年、西暦2004年は、奇しくも日露戦争開戦100年にあたる。日本がこれまで様々な岐路に立たされたとき、必ずと言っていいほど想起されてきたのが日露戦争である。近代国家「日本」を語るとき、日露戦争を抜きにはあり得なかった。確かに日露戦争の勝利によってそれまで欧米列強によって押しつけられてきた不平等条約を、これをきっかけに撤廃。日本は、国際的に一等国の仲間入りを果たすこととなったのである。

しかし、今や多くの人が知っているように、この勝利はまさに薄氷を踏む思いの辛勝であった。日本側にとっては短期決戦しか勝ち目がないことは開戦前から関係者の間では当然のことと言われていた。日露の戦いの帰趨はどちらに軍配をあげてもいい状態であったが、日本を勝利へ導くこととなった決定的なものは、当時のアメリカ大統領とアメリカの世論による後押しがあったればこそだった。

歴史の表舞台では、セオドア・ルーズベルト大統領を仲介者として日本側・小村寿太郎外相とロシア前蔵相ウィッテとのつば競り合いの交渉が展開されるのだが、小村を陰で支えたある日本人のことはほとんど知られていない。その人物の名は、金子堅太郎。金子は、明治4年（1871年）、岩倉遣外使節団とともに渡米、そのままアメリカにとどまってハーバード大学を卒業、当時は帰国して伊藤博文の秘書官や枢密院議長の秘書官などをつとめていた。金子は、明治37年（1904年）、特派大使として再び渡米し、各地で記者会見し、日本の戦いがロシアに対する防衛戦であることを強調し、日本が正義を重んじる国民であることを説いて回った。彼にはアメリカ人の知己も多く、国際的に、目立って発言力を強めていたアメリカを日本の側に引き入れようという、いわば世論誘導工作という重大な責務を負っていた。金子が、ハーバードの同窓生であったルーズベルト大統領とは大統領になる前からの旧知の間柄であったことも大いに幸いした。明治38年（1905年）9月に締結されることになるポーツマス講和条約を有利に、日露戦争を勝利に導いた背景には、こうした外交によるところが多い。

日露戦争とその時代背景を自身の歴史観でとらえた司馬遼太郎氏の『坂の上の雲』は、日本が高度成長経済をまっしぐらに走り続けているタイミングと重なって、国民的に幅広い支持を得た。当時、バブル経済に熱狂した読者に向かって、司馬氏は、最終巻のあとがきに、日露戦争後の日本に対し、こう厳しく指摘している。

「戦勝はかならずしも国家の質的部分に良質の結果をもたらさず、たとえば軍部は公的であるべきその戦史をなんの罪悪感もなく私有するという態度を平然ととった」

つまり、きわどい勝利を拾っただけなのに、日露戦争の勝利以後、「軍神」が生み出され、陸軍記念日が設定され、各地に銅像や忠魂碑が建立され、戦争を鼓舞する映画や小説が繰り返し登場した。その挙げ句が、昭和20年（1945年）8月のピカドンである。

日本人の、特に陸軍への思い上がりに司馬氏のペンは手厳しい。日露戦争の勝利に酔った日本人と陸軍軍部は、その後、火事場泥棒的なシベリア出兵、第一次世界大戦への参戦、さらには欧米列強からのアジア解放という大義を掲げ、大東亜共栄圏なる気宇広大にして差別的なアジアの覇者へと態度を豹変してゆくのである。

本書は、日露戦争後に起きた様々な出来事を写真という記録性、証拠能力豊かな情報を根拠に再検証したものである。私にとって一番ショックだった事実は、朝鮮半島「開国の舞台」の米朝戦争の陰で、日本の果たした役割が、100年後の今の図式と全く変わらないほどに日米関係が近いというものだった。

アメリカが朝鮮出兵問題の是非をめぐって議論していた1867年4月、日本駐在のアメリカ代理公使バーゲンバーグのもとに幕府から一通の密書が送られていた。時は明治維新前夜。その内容に私は驚愕した。「隣国の朝鮮が、われわれと親善的同盟関係にあるアメリカ人を殺害したことは由々しき事態である。朝鮮に忠告を与え、朝鮮が正しい道にたちかえるように、われわれが努力すべききである。日本が外交使節を派遣して朝鮮側に講和を求めるようにさせ、アメリカ国旗が朝鮮半島に翻るようにしてみせる」――という内容である。シャーマン号事件の仲裁と称して、アメリカに先駆けて日本が朝鮮半島に出兵しようではないかというものである。

この計画は、直後に勃発した明治維新という時代の嵐によって徳川幕府が崩壊したために実現はしなかったが、いやーッ、驚いた。崩壊寸前の幕府は、アメリカの威を借りて反幕勢力を朝鮮半島に出兵、一掃してしまおうというねらいだったろうが、国の存続さえも危うくしてしまう恐ろしく単純な計画である。私を驚かせ、なお、がっかりさせたのは、この時の幕府のアメリカへのへりくだり、癒着外交は、21世紀の現代の日米関係とほとんど同じであると直感したからである。現代の日米関係は、昭和の大戦による敗北から生まれた屈辱の現れであろうと思っていた私にとって、これは意外だった。黒船の恫喝によって豹変した日本と日本人は、同じやり方で朝鮮半島を蹂躙した。そして、その後、そのアメリカを出し抜こうと必死になって刃向かったがアジア太平洋戦争で再び立ち上がれないほどに叩かれてしまい、これまた、その後遺症がひどく、ややもすれば日本人の遺伝子に組み込まれたかのように21世紀の現代における日米関係に大いなる影響を及ぼしているように私には感じるのだ。

なぜなら、大量破壊兵器への疑惑を口実にサダム・フセイン政権のイラクへのアメリカの出兵に、イギリス、スペインを除くヨーロッパをはじめとする多くの国々が反対を表明する中で、いち早く、賛成を打ち出したのは他ならぬ日本であった。

私には、その日本の姿が、維新による崩壊前夜の徳川幕府と見事に重なって見えるのである。だからといって、誰かさんのように単純にアメリカに「ノーといえる日本」であれと言っているのではない。アメリカに「ノーといえる日本」でありたいというのは、単にその裏返しの考え方で、アメリカへの盲従とさほど変わらない考え方であると私は思っている。ただ単にアメリカの言うなりになっている日本政府のやり方にいらだち、感情的にそう言っているだけで別段、それほどの議論に値するとはとても思えないのである。

それより、私が気になるのは、日本と日本人は黒船恫喝外交、ピカドンによる敗北感によって、徐々にアメリカに飼い慣らされて来ているという日本人の精神崩壊の方である。戦後も半世紀以上たったが、アメリカ的飼い慣らし法がじわじわと日本人の精神を蝕み、国そのものを支配しつつあると思ってみることはないのだろうか。挙げ句に、アメリカを中心とする人類の営みこそが幸福であるという新たな帝国主義、差別主義、覇権主義に、日本がイギリスとともに一役買っているという、どこか歴史に逆行しているような、この構図こそがいかにも危なっかしく私には映るのである。

『脱亜論』を著した福沢とて、まさか精神においてここまで脱アジアになってしまうとは考えも及ばなかったろう。「東洋孤島の独睡」を許さぬ西洋文明の圧力を強調し、時間的余裕がないから中国、朝鮮と足並みをそろえることもなくひたすら日本の独走を推進すべしというものであった。そして、中華思想や儒教に縛られてきた中国、朝鮮に比して、その思想性が薄かった分だけ、アメリカ的西欧的合理主義を日本は受けやすかった。

それからというもの、アメリカという本来の仇敵、ライバルに追いつけ追い越せとばかり走り続けてきて、日本はいつしかアメリカ以上のアメリカ的な日本になってしまったと考えるのは私だけだろうか――。

ところで、本書の中心的な役割を果たしている写真は、合理主義の最たるものである産業革命の申し子としてこの世に生を受けている。蛇足ながら写真についても少々触れておきたい。写真が、地球上に誕生したのは公式的には１８３９年、今から１６５年ほど前のことだ。フランスを中心にヨーロッパでは、その数年前から誕生の気配は濃厚になっていた。時は、産業革命のまっただ中。モノが市場にあふれ出し、消費という新しい魔物が人間の価値観をも大きく変えようとしていた。写真も、こうした新しい精神風土の中で誕生した。勃興した資本主義の下で、急速に成長した中産階級がこぞって求めたのが「肖像写真」であった。それまでの「肖像画」はお金持ち、貴族の象徴だった。が、少しばかり豊かになった中産階級は、自分たちも貴族趣味を味わってみたいと思い、肖像画に比べ格安で短時間に〝描かれる〟写真をこぞって求めたのである。たった一枚しかない肖像画に対し、複製のきく肖像写真の登場は、それまでの価値観を大きく変えさせた。写真の誕生は、人類に希少という価値観から複製、コピーという価値観を認めさせたのである。

合わせて産業革命は、人間生活の隅々にまで大きく影響を及ぼしてゆく。――生まれたばかりの中産階級は、新聞、雑誌などの知識や情報を多量に求めるようになり、ジャーナリズムの発達にも一役買うことになる。それは、自覚した多くの市民たちにとって世界の動向や新しい時代の啓蒙的な知識を得ることは民主的な社会に対する市民としての責任と感じるようになってきていたからである。

写真、新聞という不特定多数への情報の分配は、地域主義から国家主義へと人間の視野を広げさせてゆくことになる。

写真は、誕生から約9年ほどして日本に伝来する。「バテレンの魔法」「人間の生き血を吸い取る」という迷信から、伝来当初は、多くの国々で忌み嫌われたが、不思議なことに日本ではそれほどの抵抗もなく受け入れられていった背景には、八百万の神を信じ、好奇心旺盛な民族であったこともその理由の一つかも知れない。合わせて、西南戦争や日露戦争などに従軍していった兵士たちのための「出征写真」が大きく影響していると私は思っている。

◇　◇　◇

16、7年前のことだが、古い写真を手に幕末の長崎を探訪したことがある。それはそれは、本当に楽しいものだった。歳月を経て、すっかり変わってしまった長崎の町の様相を一体、どこで判断するのか。たまたま乗り合わせたタクシー運転手から学んだ方法は、山の形で決まるということだった。事実、いくら原爆を落とされた長崎といえども山の形まではそれほど変わってはいない。
古い写真を手にしての再訪は、その写真が古ければ古いほど悦びは深い。

私が、古い写真と深く関わるようになったのは、今から20年ほど前のことだった。

新聞記者時代の事で、とある土曜日のこと、比較的静かだった本社ビルの一角で、目の前の電話が鳴った。老女からの電話の内容は、かいつまんで言えば「70年前の香港の写真があるのだが、何かにお役立て出来ませんか」というものだった。「身辺整理をしていたら亡父が昔、商社員として香港に滞在していた頃に撮影した写真がアルバムになって出てきた。このまま放置していても何の役に立たないので、新聞社なら役立てられるのでは……」と言うものだった。その年は、香港の中国返還が正式に決定するなど、とかく香港がニュースになっていた。タイミング良く、この時の古い写真を写真特集として掲載したところ、読者から意外なほどの反響があったのである。以来、私は、歴史を語る古い写真にのめり込み、虜になっていった。

それからというもの、収集し続けてきた歴史写真をもとにアジア各国をめぐることが私のライフワークとなった。歴史写真を手に旅する時の気持ちは、世紀の時空を超えて、まさに謎解きのような気分であった。往時を偲ばせる微々たるものを見つけてはため息をつき、今との大いなる違いに無情な歴史という長大な時間を認識させられるのだった。

こうしたライフワークが、縁あって隔月誌である学研『歴史群像』に連載されることとなり1994年2月号から1997年2月号まで、約3年間、計18回、「松本逸也のアジア探求紀行」と題して誌面を飾ることとなった。

本書は、その時、連載された記事に一部加筆したものである。

本書はまた「人間と歴史社」からすでに発刊されている『幕末漂流』『世紀末亜細亜漂流』に続く漂流三部作目である。『幕末漂流』は激動する幕末時代に写された歴史写真を謎解きながら、現代と幕末は赤く細い糸でつながっていることを知って欲しかった。それに対し、『世紀末亜細亜漂流』は私が新聞記者としてカメラマンとして1970年代から2000年にかけて駆けめぐったアジアを通して、21世紀の日本の果たすべき役割を熱く語ったつもりである。そして、本書は、幕末と世紀末とをつなぐ漂流作品の近代編として意図したものである。

前作の『世紀末亜細亜漂流』のタイトルではないが、私自身も20世紀末を期して、新聞記者から大学の教員へと大きく変化した。そして、今では大学併設の中学高等学校の校長を兼務するという変わり様だ。自分の人生を例えて、私は人によく言う。「一粒飲んで三度美味しい人生」と。変化を恐れず、ただひたすら前向きに生きるんだ、と。

「人間と歴史社」の佐々木久夫社長との付き合いも長いものとなった。1993年、『幕末漂流』発刊にあたって佐々木氏が語った「近代日本を語る漂流三部作を完成させてください」という約束を11年目になって何とか果たせたように思う。

本書出版にあたっては、いつも的確なアドバイスをくださっている佐々木社長、編集・デザイン担当で友人の妹尾浩也氏をはじめとする、多くの方々のご支援をいただきました。

あらためて感謝申し上げます。ありがとうございました。

2004年5月　　松本　逸也

著者略歴

松本逸也（まつもと　いつや）

1946年、静岡県生まれ。静岡大学卒。69年、朝日新聞入社。編集委員、写真部長などを経て、2000年3月早期退社。同年4月、目白大学教授に就任（マスコミ学・メディア文化論・報道写真論）。03年4月、目白学園中学校高等学校校長（理事）を兼務。

主な著書に、『読者所蔵の「古い写真館」』（朝日新聞社）、『甦る幕末』（朝日新聞社）、『アラブ発　仕組まれた湾岸戦争』（人間と歴史社）、『シャムの日本人写真師』（めこん）、『幕末漂流』（人間と歴史社）、『世紀末亜細亜漂流』（人間と歴史社）。

1982年、ベトナム難民を追った写真個展『止まり木・ニッポン＝ベトナム難民・瀬戸の一年＝』（東京・小西六フォトギャラリー）。

「脱《だつ》亜《あ》」の群《ぐん》像《ぞう》　大日本帝国漂流

2004年6月10日　初版第一刷発行

著者　松本逸也
発行者　佐々木久夫
発行所　株式会社　人間と歴史社
〒101-0062　東京都千代田区神田駿河台3-7
電話　03-5282-7181（代表）　FAX　03-5282-7180
http://www.ningen-rekishi.co.jp

装丁　妹尾浩也
本文レイアウト　松田　陽・清水　亮
図版作成　大塚充朗
印刷所　株式会社シナノ

ISBN 4-89007-150-4
Printed in Japan

タゴール　死生の詩

森本達雄●編訳

深く世界と人生を愛し、生きる歓びを最後の一滴まで味わいつくしたインドの詩人ラビンドラナート・タゴール。彼の世界文学史上に輝く詩篇から「死生」をテーマに新たに編纂された詩集。

2,310円（税込）
A5判変形上製

人とつき合う法

永遠の人生の処方箋

河盛好蔵●著

人生の達人である著者が、自らの経験に基づきながら、親兄弟や師弟、友人、知人、恋人とどのようにつき合っていったらよいか、平易にユーモアを交えながら説く、秀逸な人生の処方箋。

1,365円（税込）
4/6判上製

人生の意味　ミーニング・オブ・ライフ

ジョナサン・ギャベイ●編　長野ゆう●訳

「あなたにとって人生の意味とは何ですか!?」
このビッグなクエスチョンに世界の有名・無名の人々105人が答える。

【主な執筆者】
ブトロス・ブトロス・ガリ（前・国連事務総長）／ダライ・ラマ（宗教者）
スティーブン・ホーキング（宇宙学者）／クリストファー・リー（俳優・作家）
ロイ・ステンタフォード（ごみ収集人）／マザー・テレサ（ノーベル平和賞受賞者）
アーサー・C・クラーク（科学者）　ほか

2,000円（税込）
A5判変形上製